2024

L'architettura metafisica dell'Antico Egitto

Moustafa Gadalla

L'architettura metafisica dell'Antico Egitto

CONTENUTI

1

L'AUTORE

Moustafa Gadalla è un egittologo egiziano-americano indipen-dente nato al Cairo, in Egitto, nel 1944. Ha conseguito una laurea in ingegneria civile presso l'Università del Cairo.

Fin dalla prima infanzia, Gadalla persegue con passione le sue radici dell'Antico Egitto, attraverso lo studio e la ricerca continui. Dal 1990 si dedica e concentra tutto il suo tempo alla ricerca e alla scrittura.

Gadalla è l'autore di ventidue libri di fama internazionale pub-blicati sui vari aspetti della storia e della civiltà dell'antico Egitto e le sue influenze in tutto il mondo. Inoltre gestisce un centro di risorse multimediali per studi accurati ed educativi dell'Antico Egitto, presentati in modo coinvolgente, pratico e interessante che attrae il grande pubblico.

È stato il fondatore della Tehuti Research Foundation che è stata successivamente incorporata nel multilingue Egyptian Wisdom Center (https://www.egyptianwisdomcenter.org) in più di dieci lingue. Il sito web include anche un'altra attività in corso che include la sua creazione e produzione di progetti di arti performative come 'Isis Rises Operetta', 'Horus The Initiate Operetta'; 'Egyptian Goddesses Operetta'; e alcune altre produzioni a seguire.

PREFAZIONE

Tutto ciò che gli antichi Egizi costruivano/modellavano/scolpivano aveva lo scopo di generare e/o incarnare energie. E, proprio come il nostro impianto elettrico si attiva accendendo un interruttore, anche tutte le opere egiziane richiedono/richiedevano un'attivazione attraverso le giuste azioni [suoni, gesti ecc.]. E mentre queste meraviglie "di pietra" appaiono statiche perché appaiono ferme, esse non sono diverse dalle unità [statiche] generatrici di energia – come i nostri pannelli solari, che assorbono l'energia dal sole e la convertono in fonte di energia per i nostri bisogni terrestri.

Questo libro svela le conoscenze degli antichi Egizi riguardo la proporzione armonica, la geometria sacra e la mistica dei numeri, come si può constatare dai loro testi, templi, tombe, arte ecc. che ne attraversano la storia. Mostra in che modo gli Egizi progettavano i loro edifici per generare energia cosmica e l'applicazione mistica dei numeri nelle loro opere. L'opera illustra dettagliatamente la proporzione armonica di circa 20 edifici dell'Antico Egitto nel corso della loro storia documentata.

Lo scopo di questo libro è fornire un'esposizione che, pur basandosi su una solida erudizione, presenti le questioni in un linguaggio comprensibile ai lettori non specialisti. I termini tecnici sono stati ridotti al minimo, e sono spiegati, nel modo meno tecnico possibile, nel glossario. Questo libro è diviso in tre parti per un totale di 10 capitoli.

Parte I: Concetti d'architettura – Funzioni e forme comprende i capitoli 1 e 2:

Capitolo 1: ***Il canone architettonico*** tratta le profonde convinzioni degli Egizi di "come sopra così sotto" e della sua applicazione all'arte e all'architettura egiziana, l'esistenza e l'adesione a un codice di realizzazione divino, così come l'utilizzo di piani di progettazione e costruzione prima [e inoltre] durante le fasi di costruzione, che si estesero per diversi secoli per grandi progetti.

Capitolo 2: ***I templi egizi delle forze divine*** tratta la funzione principale dei templi egizi, cioè la generazione divina, la struttura generale concettuale del tempio, il progetto metafisico del condotto a imbuto, l'importanza generativa dei modelli di giunzione, la protezione fisica/metafisica dei muri esterni e le origini delle fondamenta organiche del tempio egizio.

Parte II: La manifestazione fisica dei concetti metafisici comprende sei capitoli, dal 3 all'8:

Capitolo 3: ***Le forme di componenti architettonici delle funzioni metafisiche*** tratta le diverse forme architettoniche come manifestazione delle loro corrispondenti funzioni [sia fisiche che metafisiche] per le "false porte", i pannelli a muro, le colonne e i pilastri, i capitelli di colonne, i portici, i peristili, le formazioni di colonnati in quattro luoghi diversi, gli obelischi, le statue, le varie forme di tetto (piano, a due spioventi, a falsa volta, ad arco e a volta), i dettagli stilistici architettonici (architrave, cornice e toro) e le decorazioni e gli ornamenti stilistici come i soffitti stellati, le decorazioni floreali e geometriche, una combinazione di questi due o di tutti e tre, il motivo guilloché (erroneamente chiamato bordo toscano), lo chevron e le volute.

Capitolo 4: *Le principali forme/strutture geometriche* tratta i principi e l'applicazione della geometria sacra dell'Architettura Divina, la sacra corda egiziana [strumento], la disposizione generale di un campione di forme geometriche, il cerchio sacro come archetipo della creazione, la quadratura del cerchio, i triangoli primari e le piramidi in combinazione 3D dei triangoli rettangoli.

Capitolo 5: *I rettangoli generatori di radice quadrata – I "numeri irrazionali"* tratta i rettangoli generatori di radice come l'ipotenusa dei triangoli rettangoli, iniziando da un quadrato e generando le radici quadrate di 2, 3 e 5; la formazione dei solidi cosmici; la creazione della sezione aurea a partire da un rettangolo radice di 5; la costruzione di spirali quadrate che ruotano; e un'applicazione esemplificativa di questa forma di progetto dinamico in quattro siti di monumenti dell'Antico Egitto.

Capitolo 6: *La progressione aritmetica generativa* tratta il ruolo dei numeri in quanto generatori di crescita e progressione ordinata, la sequenza numerica e la sezione aurea, nonché la proporzione cosmica della figura umana.

Capitolo 7: *Il progetto armonico combinato, aritmetico e grafico, degli edifici egizi* tratta la combinazione degli elementi aritmetici e grafici in un progetto armonico delle parti e dell'insieme di un tempio egizio, che comprende: assi attivi, punti significativi, triangoli telescopici, e perimetri rettangolari sia nei piani orizzontali che verticali.

Capitolo 8: *Analisi armonica delle opere dell'Antico Egitto* tratta diversi esempi nell'Antico Egitto di tutte le epoche e su tutto il territorio, mostrando le applicazioni egiziane degli elementi di progettazione discussi in questo libro. Gli esempi includono templi, tombe, piramidi, santuari, capitelli di colonne, stele, piloni e porte.

<u>Parte III: Le comunicazioni animate</u> comprende i capitoli 12 e 13:

Capitolo 9: ***Le immagini metafisiche animate sui muri*** tratta il significato metafisico delle decorazioni murali e le spiegazioni di varie raffigurazioni.

Capitolo 10: ***Le attività umane*** tratta il ruolo degli uomini nell'attivazione, mantenimento e partecipazione a vari rituali e feste, nonché nella disattivazione dei poteri del tempio quando i templi e l'intero Egitto sono sotto assedio.

Moustafa Gadalla

3

STANDARD E TERMINOLOGIA

1. Il termine dell'Antico Egitto *Neter* e la sua forma femminile *Netert* sono stati erroneamente, e forse intenzionalmente, tradotti da quasi tutti gli accademici come dio e dea. I *Neteru* (plurale di *Neter/Netert*) sono i principi e le funzioni divine del Dio Unico Supremo.

2. Uno stesso termine dell'Antico Egitto può essere scritto in vari modi, come nel caso di Amun/Amon/Amen o Pir/Per. Questo accade perché le vocali presenti nelle traduzioni dei testi egizi sono solo approssimazioni di suoni, usate dagli egittologi occidentali per riuscire a pronunciare termini/parole dell'Antico Egitto.

3. Utilizzeremo le parole più note alla maggioranza delle persone di lingua italiana per identificare un *Neter*/una *Netert* [dio, dea], un faraone o una città, seguite da altre "variazioni" delle stesse.

È opportuno segnalare che i veri nomi delle divinità (dei, dee) erano tenuti segreti per proteggere il loro potere cosmico. Ai *Neteru* ci si riferiva con epiteti che descrivevano la natura, le caratteristiche e/o l'aspetto/i specifici dei loro ruoli. Questo vale per tutti i termini comuni come Iside, Osiride, Amon, Ra, Horus ecc.

4. Con riferimento al calendario romano, useremo i seguenti termini:

p.e.v. – Prima dell'era volgare, nota anche come a.C.

e.v. – Era volgare, nota anche come d.C.

5. In questo libro, il termine Baladi indica l'attuale maggioranza silenziosa di egiziani che seguono le tradizioni dell'Antico Egitto, con un sottile velo esteriore di Islam. [Per maggiori informazioni si veda *Alla scoperta della cultura dell'Antico Egitto*, di Moustafa Gadalla.]

6. Non esistono e non sono mai esistiti scritti/testi dell'Antico Egitto classificati dagli egiziani stessi come "religiosi", "funerari", "sacri" ecc. Il mondo accademico occidentale ha attribuito nomi arbitrari ai testi dell'Antico Egitto, come il "Libro di Questo" e il "Libro di Quello", "divisioni", "affermazioni", "magie" ecc. Gli accademici occidentali hanno persino deciso che un certo "Libro" aveva una "versione tebana" o una "versione di questo o quel periodo". Dopo aver creduto alle sue stesse invenzioni, il mondo accademico ha accusato gli antichi Egizi di commettere errori e di perdere parti dei loro testi?!

Per facilitare i riferimenti, menzioneremo la comune ma arbitraria categorizzazione dei testi dell'Antico Egitto da parte degli accademici occidentali, anche se gli antichi Egizi stessi non la fecero mai.

7. Per facilità di consultazione, assegneremo un "valore" a un rapporto/proporzione tra due numeri interi, anche se questo non lo è. Scriveremo inoltre le misure degli angoli (in gradi ecc.) per facilitare la "formazione moderna", sebbene essa sia inferiore ai principi della geometria sacra.

4

MAPPA DELL'EGITTO

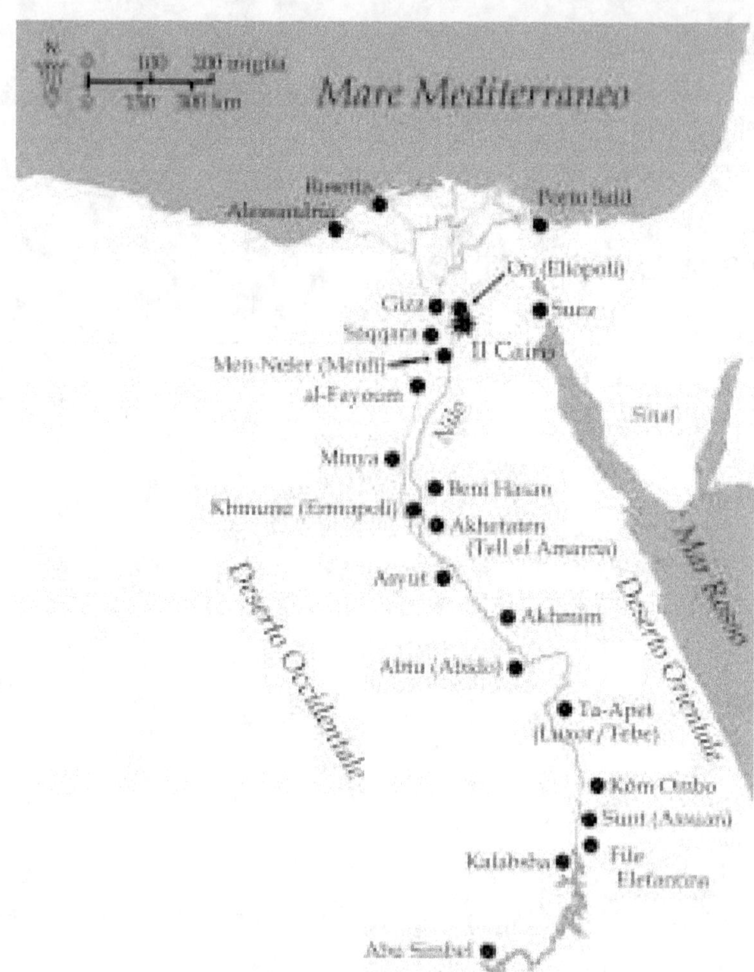

N.
100   200 miglia
150   300 km
Mare Mediterraneo
Rosetta
Alessandria
Porto Said
On (Eliopoli)
Giza
Suez
Saqqara
Il Cairo
Men-Nefer (Menfi)
al-Fayoum
Sinai
Nilo
Minya
Beni Hasan
Khmunu (Ermopoli)
Akhetaten
(Tell el-Amarna)
Asyut
Mar Rosso
Akhmim
Abtu (Abido)
Deserto Occidentale
Deserto Orientale
Ta-Apet
(Luxor/Tebe)
Kôm Ombo
Swnt (Aswan)
Kalabsha
File
Elefantina
Abu Simbel

PARTE I : CONCETTI ARCHITETTONICI – FUNZIONI E FORME

CAPITOLO 1 : IL CANONE ARCHITETTONICO

1.1 EGITTO: IL TEMPIO DEL COSMO

Lo storico greco Erodoto scrisse nel 500 p.e.v.:

> *Passo invece a parlare diffusamente dell'Egitto perché, rispetto a ogni altro paese, è quello che racchiude in sé più meraviglie.*

I migliori monumenti dell'Antico Egitto sono il risultato della loro profonda credenza e delle applicazioni del principio: "Come sopra così sotto". Questa correlazione perpetua – consapevolezza cosmica – fu richiamata nel terzo libro dell'*Asclepius* (25), che rientra tra i testi ermetici:

> *...In Egitto tutte le operazioni dei poteri che governano e operano nel cielo sono state trasferite qui in basso sulla Terra... sarebbe più corretto dire che l'intero cosmo abita in [Egitto] come nel suo santuario...*

Le scene delle attività quotidiane, trovate nei monumenti egizi, mostrano una forte e perpetua correlazione tra la terra e il cielo. Le scene offrono una rappresentazione grafica di ogni tipo di attività: caccia, pesca, agricoltura, tribunali, e ogni genere di arti e mestieri. Ritrarre queste attività quotidiane alla presenza dei Neteru (dei, dee) o con la loro assistenza, indica la loro corrispondenza cosmica.

Pertanto, dobbiamo smettere di considerare i monumenti dell'Antico Egitto come un'interazione di forme rispetto a vaghe rappresentazioni storiche e archeologiche. Dobbiamo invece cercare di considerarli come la dimora del cosmo; come relazione tra forma fisica e funzione metafisica.

1.2 PTAH: L'ARCHITETTO DIVINO

L'energia divina che si manifesta nel ciclo di creazione è definita dai suoi aspetti energetici costitutivi, che gli antichi Egizi chiamarono Neteru.

La creazione è la risoluzione (mediante definizione/ordinamento) di tutto il caos (energia/materia indifferenziata e consapevolezza) dello stato primordiale. Tutti i racconti dell'Antico Egitto sulla creazione lo spiegano con passaggi ben definiti e chiaramente delineati.

Nell'Antico Egitto, Ptah è/era l'Architetto Cosmico, la forza cosmica modellante, colui che dà forma (fabbro). È/era il patrono dell'artigianato, dei mestieri e delle arti. È/era il fuoco creativo e coagulante.

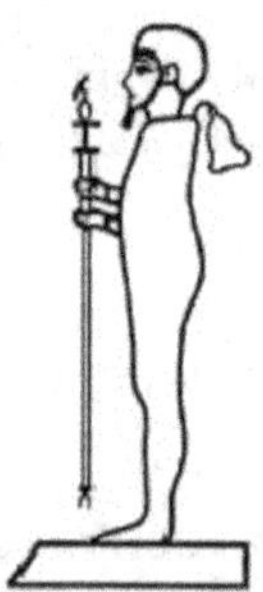

Il suo ruolo era dare forma alle parole di Ra come pronunciate da Thot, secondo le leggi della stabilità e dell'equilibrio (Maat). Pertanto, Ptah siede sul trono o si erge su un piedistallo in forma di glifo che indica Maat (legge cosmica, armonia, equilibrio). [Si legga di più sul ciclo della creazione e le sue energie in azione in

Cosmologia egizia: l'universo animato e *Egyptian Divinities: The All Who Are the One* entrambi di Moustafa Gadalla.]

1.3 SESHAT: LA PATRONA DEI COSTRUTTORI

La manifestazione della conoscenza delle attività di costruzione veniva attribuita alla netert (dea) Seshat. Il suo ruolo è ben descritto da numerosi titoli che le attribuiscono due tipi di attività. Seshat è *la Contabile: dea della scrittura/delle scritture, Signora della Casa dei Libri sacri* e *Signora della Casa dei Libri (Archivi).*

L'altro aspetto di Seshat (e strettamente correlato a esso) è quello in cui è descritta come la **Signora dei Costruttori**.

Costruttori, artigiani, scultori e pittori facevano parte di una squadra che rispettava rigidamente i canoni di proporzione preordinati. Il loro ruolo può essere paragonato a quello dei moderni progettisti di circuiti stampati o microprocessori, che sono vincolati all'interno di un quadro di funzionalità tecnologica che dipende totalmente dalle leggi dell'elettronica.

La conoscenza degli antichi Egizi che si manifestava nei loro monumenti veniva stabilita in forma di specifiche tecniche custodite negli archivi di tutto il Paese.

1.4 IL CODICE DI COSTRUZIONE

Tutta l'arte e l'architettura egizia, incluse le rappresentazioni della figura umana, seguivano un preciso canone delle proporzioni. Tale canone si applicava anche alle sculture, ai fregi e ai dipinti egizi, che venivano attentamente progettati in base alle leggi armoniche, geometriche e proporzionali. Platone confermò l'età remota del canone delle proporzioni dell'Antico Egitto, e di come i lavori eseguiti dagli antichi Egizi non cambiarono mai né tipologia né progettazione nel corso dei 10.000 anni prima della sua epoca (428-347 p.e.v.).

> *Che sculture e pitture di diecimila anni fa, non sono né più belle né più brutte di quelle realizzate adesso.*

In senso ristretto, la sua osservazione indica che gli Egizi furono sempre vincolati dagli stessi regolamenti, che garantirono un'applicazione coerente per tutta la lunga storia del Paese.

L'affermazione di Platone è coerente con le prove ritrovate in ogni luogo nell'Antico Egitto, come ad esempio:

1. Un processo peculiare nei templi Egizi è quello di crescita per accrescimento, nel quale sovrani consecutivi spesso costruivano delle aggiunte allo stesso tempio o templi. Uno sguardo ad alcuni di questi templi indica che il risultato non è affatto in conflitto con le leggi dell'armonia. Gli elementi aggiunti sono collegati e aumentano nelle dimensioni (in larghezza e altezza) in base a una determinata regola di proporzione, che li ricollega all'edificio originale. Un valido esempio è l'enorme complesso del meraviglioso tempio di Karnak. Sebbene sia stato costruito in un lasso di tempo di oltre 1.500 anni, e abbia 6 piloni, rappresenta comunque un'opera imponente e omogenea che ha prodotto un piano armonioso di edifici, che copre un perimetro di circa 2.300 metri.

È ovvio che il piano generale era preesistente ed era noto a coloro che lo eseguivano.

2. Le scoperte archeologiche dimostrano che queste regole furono scritte su rotoli di papiro o di cuoio e custodite accuratamente in archivi speciali nei grandi templi egizi. Questo viene affermato esplicitamente in diversi testi risalenti a varie epoche che trattano esclusivamente di architettura e artigianato, come ad esempio:

a. Un passaggio tratto dalla stele del re Neferhotep (5.000 anni fa) ad Abido descrive il suo piano di cercare informazioni originali negli archivi circa l'esatta forma tradizionale della statua di Osiride:

Il re parlò ai nobili e ai compagni, gli scribi dei geroglifici: "Il mio cuore ha desiderato vedere gli antichi scritti di Atam; avviate per me una grande indagine; che il neter (dio) sappia della sua creazione, e i neteru (dei/dee) di come modellano, delle loro offerte e delle loro oblazioni... [fatemi] conoscere il neter (dio) nella sua forma, affinché lo possa modellare come era prima, quando fecero le [statue] nel loro consiglio, per stabilire i loro monumenti sulla terra.

Le conoscenze degli antichi Egizi, che si manifestavano nei loro monumenti, erano stabilite all'interno di specifiche tecniche custodite negli archivi di tutto il territorio. Questi primi documenti egiziani indicano che la forma delle statue dei neteru (dei/dee), così come altre caratteristiche artistiche e architettoniche, avevano i seguenti attributi:

- Erano ben definiti.
- Le descrizioni sono state trasmesse attraverso specifiche scritte.
- Le specifiche erano conservate negli archivi.

- Gli archivi esistevano in tutte le istituzioni ufficiali, come tribunali, opere pubbliche, catasti, e templi.

- Gli alti funzionari, così come i re, avevano accesso agli archivi.

- Agli alti funzionari veniva richiesto di studiare e implementare le specifiche.

b. Amenhotep, figlio di Hapu, che era uno studioso eccezionale e l'architetto di Amenhotep III (1405-1367 p.e.v.), descrive la sua istruzione iniziale:

> *Sono stato designato come scriba inferiore del Re; sono stato introdotto nei libri divini, vidi le cose eccellenti di Thoth; ero equipaggiato con tutte le cose eccellenti; ho aperto tutti i suoi [passaggi]; si consultò con me su tutte le questioni.*

c. La regina Hatshepsut, durante la costruzione del tempio sulla riva occidentale di Luxor (Tebe), disse:

> *...Fu fatto secondo l'antico piano.*

Senmut, il famoso architetto della regina Hatshepsut, scrisse:

> *Ero un nobile che veniva ascoltato; inoltre, avevo accesso a tutti gli scritti dei nobili; non c'era nulla che non sapessi di ciò che era accaduto fin dall'inizio.*

Non si trattava di inutili chiacchiere, poiché Senmut incise sulla sua stele un testo arcaico caduto in disuso da molto tempo. Si dice che alcuni dei testi sono scritti su rotoli di cuoio, come gli annali di Karnak del Nuovo Regno o i rotoli della biblioteca del tempio di Edfu.

d. Secondo i testi scolpiti nelle cripte del tempio di Hathor a Dendera, sappiamo che il tempio fu restaurato durante l'epoca tolemaica, sulla base di un antico documento:

La fondazione venerabile di Dendera è stata trovata nei testi antichi, scritti su un rotolo di cuoio ai tempi dei Seguaci di Horus, rinvenuto a Menfi, in un cofanetto, ai tempi del Signore delle Due Terre... Pepi.

È quindi chiaro che il progetto di restauro in epoca greco-romana era basato su disegni risalenti al regno di Pepi nella VI Dinastia (2400 p.e.v.), e si riteneva che gli stessi fossero copie di documenti predinastici (prima del 3000 p.e.v.).

1.5 PIANI DI PROGETTAZIONE E COSTRUZIONE

In precedenza, abbiamo fornito l'esempio dell'immenso complesso del magnifico tempio di Karnak, che è stato costruito nell'arco di oltre 1.500 anni, sulla base di un piano generale.

Le caratteristiche di base dei piani architettonici nell'Antico Egitto erano disegnate su papiri. Se ne sono conservati solo pochi esemplari. Vi sono alcuni schizzi architettonici che sono stati eseguiti su frammenti di calcare.

Documenti ritrovati dell'Antico Egitto, risalenti a dopo la V Dinastia, erano esposti su una griglia di quadrati (equivalente alla nostra carta millimetrata) che rendeva più facile determinare delle proporzioni precise. In questo modo, le proporzioni verticali (od orizzontali) si possono leggere in base al numero di quadrati (o sue frazioni) nella griglia.

Si sono conservate un centinaio circa di queste griglie, alcune delle quali risalgono al Regno Antico [2575-2150 p.e.v.].

L'architettura egiziana somigliava al nostro moderno concetto di un sistema di progettazione-costruzione. Era un'applicazione pratica, e l'architetto era il capomastro.

Le caratteristiche di base dei progetti architettonici nell'Antico Egitto venivano disegnate su papiro. Ne rimangono solo pochi esempi.

Esiste una serie di schizzi architettonici che sono stati realizzati su frammenti di calcare.

Un asse o una serie di assi rappresentavano il punto o i punti di inizio di questi schemi costruttivi.

Un asse è una linea retta e immaginaria attorno alla quale ruota un corpo in movimento. In geometria, un asse è parimenti immaginario: una linea senza spessore.

Il tempio egizio era considerato un'unità organica e viva. È in costante movimento. I suoi complessi allineamenti e le molteplici asimmetrie lo fanno oscillare attorno al proprio asse.

Questo movimento si svolge con un ritmo dato dal "modulo" o dal particolare coefficiente della cosa o idea da definire.

La linea dell'asse si trova in alcuni disegni architettonici o schizzi su papiri e su tavolette recuperate risalenti a varie epoche. Si tratta probabilmente di annotazioni degli operai e, nonostante il loro scopo pratico, presentano ancora la linea dell'asse disegnata nello stesso modo convenzionale dei disegni moderni. Ecco due esempi di assi definiti su disegni dell'Antico Egitto.

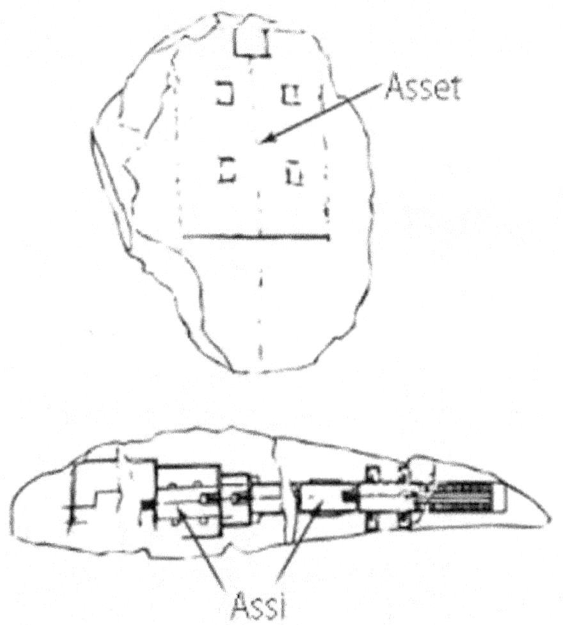

Negli edifici stessi, l'asse è contrassegnato da una linea incisa sulle pietre della parte superiore di un blocco delle fondamenta, come nel caso del tempio di Luxor.

Alcuni esempi di questi disegni e schizzi:

1. Un papiro rinvenuto nel complesso funerario di Djoser (III Dinastia) a Saqqara. Il papiro mostra la definizione della curva di un soffitto mediante un sistema di coordinate. Si nota che le linee verticali sono collocate a una distanza identica l'una dall'altra, e i numeri che ne indicano lunghezza da un livello orizzontale non identificato definiscono le coordinate di diversi punti sulla curva.

Ciò dimostra che gli Egizi avevano un'idea molto precisa della rappresentazione grafica quanto meno 5.000 anni fa. Ecco una parte del progetto finito, come è stato trovato a Saqqara.

2. Il papiro nel Museo di Torino contiene un progetto eseguito per la tomba di Ramsete IV [illustrato di seguito]. Vi sono differenze di proporzioni tra il progetto e la tomba come la conosciamo oggi, il che indica che il progetto è stato creato prima dello scavo della tomba e conferma che rappresenta un progetto e non uno studio.

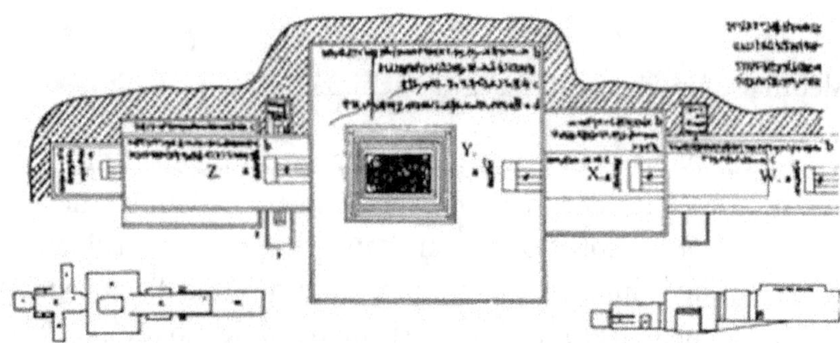

Il piano di lavoro mostra, tra l'altro, i confini dello scavo, evidenziati da una linea doppia. Sono chiaramente indicate le dimensioni di ogni spazio (lunghezza, larghezza e altezza). I dettagli (come le porte) sono abbozzati sul progetto a un'altezza ridotta. È abbastanza probabile che questo piano generale fosse integrato da schemi più dettagliati, come nel caso degli attuali progetti di costruzione.

3. Il progetto recuperato dalla tomba di Re Ramsete IV (1163-1156 p.e.v.) nella Valle dei Re a Luxor (Tebe) viene rappresentato in un capitolo successivo di questo libro.

4. Un frammento di calcare, lungo più di 76 cm. Questo progetto per la tomba di Ramsete IX è molto simile a quello del papiro di Torino.

5. Un papiro con una griglia, risalente al Nuovo Regno, presenta un notevole progetto per un santuario. Indica che gli Egizi sapevano come rappresentare un oggetto da più angolazioni. Le due elevazioni rivelano una quantità di caratteristiche interne, come in una trasparenza, e presentano anche le parti delle sezioni. Mostra quanto questi progetti possano essere accurati.

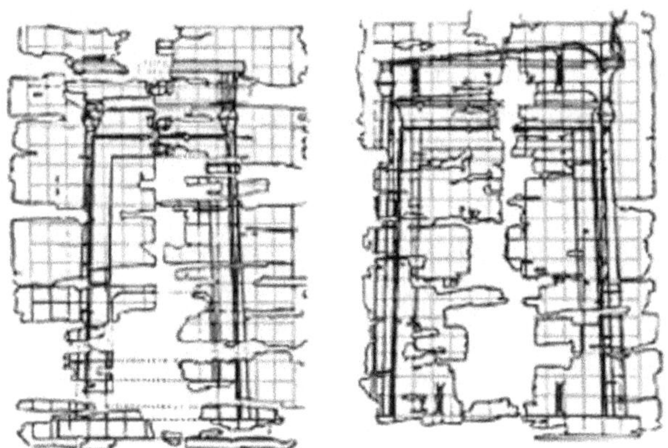

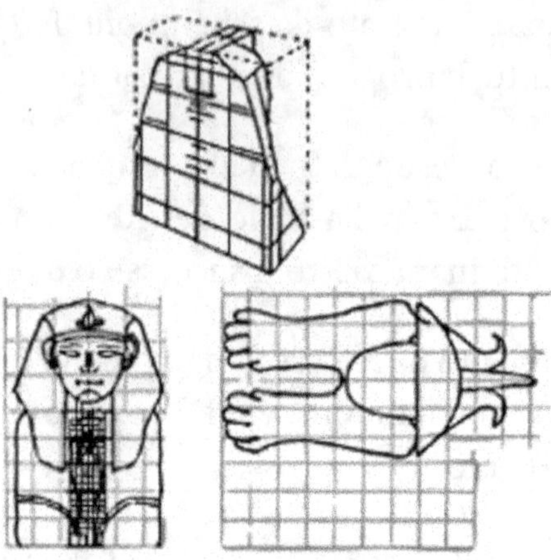

6. Ci sono alcuni disegni con griglie, fatte di quadrati, delle altezze frontali e laterali di naos, capitelli e statue, identici a quelli usati per disegnare figure e scene. Le griglie fatte di quadrati venivano usate anche su muri o blocchi destinati a essere scolpiti in statue. Figure umane, animali, sfingi e persino capitelli e naos venivano progettati, copiati o ingranditi da libri di modelli usando le griglie. Le griglie erano spesso utilizzate per le decorazioni murali. I resti di queste griglie si possono ancora vedere spesso sulle pareti di tombe e templi.

Più avanti nel libro verranno descritti altri esempi di questi piani di progettazione e costruzione.

CAPITOLO 2 : I TEMPLI EGIZI DELLE FORZE DIVINE

2.1 LA FUNZIONE/OBIETTIVO DEL TEMPIO

È una tendenza comune ignorare la funzione generativa dei templi dell'Antico Egitto. Essi vengono piuttosto considerati, erroneamente, come semplici gallerie d'arte e/o un'interazione di forme rispetto a vaghe rappresentazioni storiche.

Il tempio egizio era una macchina per mantenere e sviluppare l'energia divina. Pertanto, dobbiamo smettere di vedere il tempio come un'interazione di forme rispetto a vaghe rappresentazioni storiche e archeologiche. Dobbiamo invece cercare di considerarlo come una relazione tra forma e funzione.

Il tempio è il collegamento, la via proporzionale tra il macrocosmo (il mondo) e il microcosmo (l'uomo). Era un palcoscenico su cui si svolgevano gli incontri tra il neter (dio) e il re, come rappresentante del popolo. Era il luogo in cui l'energia cosmica, neter (dio), veniva a dimorare e irradiare la sua energia sulla terra e sulle persone. Secondo vari testi dell'Antico Egitto, il tempio o pilone è:

> *...come le colonne del cielo, [un tempio] come i cieli, che dimorano sulle loro quattro colonne... brillanti come l'orizzonte del cielo... un luogo di riposo per il signore dei neteru* (dei, dee), *fatto come il suo trono che è nei cieli... come Ra quando si alza all'orizzonte... come la grande casa del cielo di Atam.*

Solo dopo che i neteru egiziani (dei, dee) aveva esaminato il tempio loro destinato, andavano a dimorarci, come si evince da questo testo dell'Antico Egitto:

> *Quando il grande scarabeo alato sale dall'oceano primordiale e naviga nei cieli in veste di Horus... si ferma nel cielo davanti a questo tempio e il suo cuore si riempie di gioia mentre lo guarda. Poi diventa tutt'uno con la sua immagine, nel suo posto preferito... è soddisfatto della dimora che il re ha eretto per lui.*

Il potere armonioso dei piani del tempio, le immagini incise sui muri e le forme di culto portavano tutti allo stesso obiettivo; un obiettivo che era allo stesso tempo spirituale, poiché implicava il mettere in moto delle forze sovrumane, e pratico, in quanto il risultato atteso era il mantenimento della prosperità del Paese.

Questo è il motivo per cui il tempio egizio non era un luogo di pubblica adorazione in senso "moderno". Era l'interfaccia tra le forze divine e gli umani. Il tempio egizio fungeva da teatro in cui i rituali simbolici venivano eseguiti dal faraone e dai suoi sacerdoti designati, fornendo rassicurazioni che la società aveva rispettato i suoi obblighi divini di duro lavoro, virtù, giustizia, armonia e ordine. In cambio, le forze divine [Neteru] offrivano riconoscimento, prosperità ecc. In breve, il tempio egiziano era la fonte del potere da cui dipendeva tutta la società egiziana.

Questi luoghi davvero divini erano accessibili solo al clero, che poteva entrare nei santuari interni dove venivano eseguite le cerimonie e i riti sacri. In alcuni casi, solo il re stesso o un suo sostituto autorizzato avevano il permesso di entrare.

Il pubblico partecipava alle numerose grandi feste e celebrazioni che si tenevano fuori dai templi in onore delle varie divinità. La partecipazione pubblica era un dovere di tutti e un aspetto essenziale del processo di "adorazione" per preservare l'armonia universale. [Per maggiori informazioni, si veda *I mistici egizi: Cercatori della Via* di Moustafa Gadalla.]

2.2 COMPONENTI DEL COMPLESSO DEL TEMPIO

In generale, il tempio egizio era circondato da un enorme muro di mattoni di argilla che veniva solitamente ondulato per simboleggiare le acque primordiali, che rappresentavano il primo stadio della creazione.

Fuori dalle mura del tempio c'erano le residenze dei sacerdoti, i laboratori degli artigiani, i magazzini e altre strutture ausiliarie. Erano sempre fatti di mattoni di argilla, perché gli antichi Egizi credevano che tutti gli esseri umani (incluso il faraone) fossero mortali fatti di argilla, quindi anche le loro case sulla Terra dovevano essere fatte di materiale effimero – il fango – come si nota in questa veduta aerea del Ramesseum sulla riva occidentale di Luxor.

Ecco alcuni primi piani di queste residenze fatte di mattoni d'argilla.

La struttura di ogni tempio era divisa in aree di sacralità crescente.

Prima c'erano gli ingressi del tempio e l'area all'interno del recinto del complesso, una zona accessibile a tutti gli Egizi. Le pareti esterne del tempio somigliavano a una fortezza, e avevano la funzione di proteggerlo da ogni forma di male. Al tempio si accedeva attraverso due piloni, oltre i quali si trovava un cortile aperto. Questo cortile a volte aveva delle colonne lungo i lati e in mezzo un altare. Questi cortili esterni del tempio erano accessibili ai sacerdoti e, in alcune occasioni, ai rappresentanti della popolazione.

Poi, lungo l'asse del tempio, vi era una sala ipostila, uno spazio sostenuto da colonne spesso circondate da sale di piccole dimensioni utilizzate per lo stoccaggio delle attrezzature del tempio e altre funzioni secondarie.

Infine vi erano le sale interne a cui solo i sacerdoti purificati potevano accedere, e il santuario, dove poteva entrare solo il re e alcuni sacerdoti dei ranghi più alti.

Il santuario era una stanza buia contenente l'altarino su cui era posta la statua del Neter. Le porte del santuario erano chiuse e sigillate tutto l'anno, e venivano aperte solo per le grandi feste. Il santuario era denominato *la Grande Sedia*.

Oltre a queste aree, centrali per la forma e il ruolo di ogni tempio, erano spesso presenti anche altri elementi ausiliari: camere amministrative, residenze dei sacerdoti, laboratori degli artigiani, magazzini e altre strutture ausiliarie, laghi sacri, giardini, scuole, biblioteche e aree dedicate a molti altri usi.

2.3 LA PROGETTAZIONE METAFISICA DEL CONDOTTO A IMBUTO

La progettazione del tempio iniziava di solito dal santuario, che ne era il punto focale. Il tipico piano del tempio egizio si allarga e si innalza a partire dal santuario verso la parte anteriore. Questa delimitazione complessiva era basata su un "sistema telescopico" di progettazione.

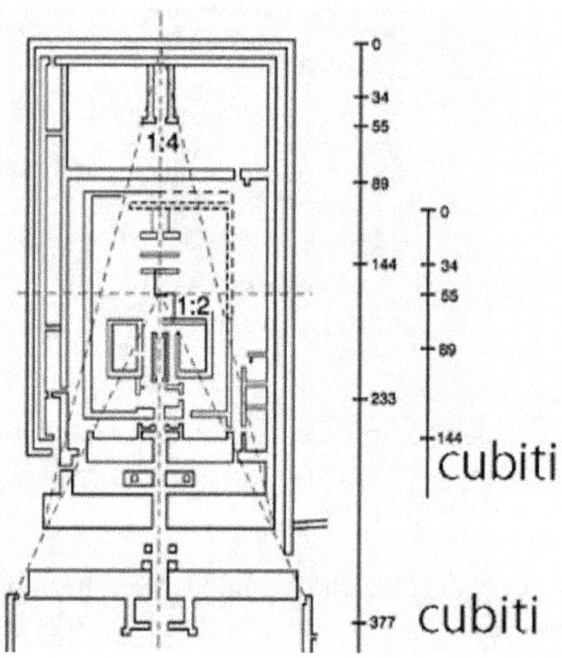

La stessa configurazione telescopica si applicava al piano verticale, laddove il pavimento del tempio digradava e i tetti salivano, verso l'esterno, in direzione dei piloni del tempio.

Questa bellissima veduta aerea del tempio di Medinet Habu a Luxor mostra chiaramente il graduale aumento di altezza tra la parte posteriore e quella anteriore del tempio. La veduta aerea ci permette anche di vedere la suddivisione del tempio in diverse parti, ognuna con un proprio punto di ingresso. Osservando il tempio dal suo punto di entrata, possiamo vedere il perfetto alli-

neamento di tutte le aperture del tempio, e l'effetto di questa progettazione telescopica.

Nel tempio di Abido, lo stesso progetto telescopico

Nel tempio di File ad Assuan:

Il progetto telescopico consente il flusso di energia dagli esseri umani alla sede dell'energia divina nel santuario.

Se l'energia divina accetta l'offerta da un umano, irradierà la sua energia divina verso l'esterno, dalla sede dell'energia divina fino alla porta d'ingresso del tempio.

La rappresentazione nel tempio egiziano ci mostra come l'uomo si avvicina al divino facendo delle offerte: il frutto del suo lavoro.

Un tema costante è l'entrata delle processioni di offerte e il loro procedere verso il punto centrale del tempio o della tomba.

Alla fine del cortile principale, il faraone o i suoi incaricati faranno sistematicamente delle offerte rituali alle forze divine mentre procedono verso il più sacro dei sacri.

Le energie divine risponderanno alla giusta azione dell'uomo irradiando le energie divine a beneficio dei meritevoli.

2.4 IL SIGNIFICATO GENERATIVO DEI MODELLI DI GIUNTURA

Nella *Litania di Ra*, la forza creativa del cosmo – ovvero Ra – è descritta come:

> *"Colui che non è che l'uno, creatore delle proprie membra".*

Questa è la definizione perfetta dell'unità delle molteplicità come archetipo dell'universo creato.

Per garantire la funzione di un tempio, una statua ecc. **come organismo vivente**, i suoi componenti devono essere collegati in modo tale che l'energia cosmica possa fluire senza impedimenti.

Non è corretto pensare che due componenti/parti siano connessi solo per garantire la stabilità strutturale della parte (delle parti) e dell'intero edificio.

Possiamo trarre degli indizi dal corpo umano (la casa dell'anima) quando esaminiamo un tempio egizio (la casa dell'anima/energia/neter cosmico).

Il corpo umano è collegato da muscoli e via dicendo, ma vene e nervi non si interrompono nei punti di giuntura delle ossa dello scheletro. Nell'Antico Egitto, il tempio vivente era progettato allo stesso modo.

L'unità degli elementi del tempio deve essere come quella degli elementi del corpo umano. Le pareti di un tempio sono costituite da blocchi e angoli, e tali elementi (blocchi) devono essere collegati tra loro in modo da permettere all'energia divina di fluire, proprio come le parti dell'essere umano.

Bassorilievi di tutte le dimensioni, così come i geroglifici, si estendono su due blocchi adiacenti con assoluta perfezione. L'intento è molto chiaro: passare sopra le giunzioni di blocchi adiacenti l'uno accanto o sopra l'altro.

I blocchi stessi erano uniti tra loro in un qualche tipo di sistema energetico/nervoso. Un flusso energetico continuo richiedeva modelli a incastro particolari.

L'usanza di unire i blocchi prevalse in ogni tempio egizio attraverso tutta la storia conosciuta dell'Antico Egitto. Ecco alcuni esempi di applicazione di giunture:

1. Intagliare in ogni blocco di pietra una tacca superficiale a coda di rondine, profonda 2 cm, che collegava la pietra a quella adiacente. Questi mortasa collegano un blocco all'altro: una sorta di sistema nervoso o arterioso che attraversa tutto il tempio.

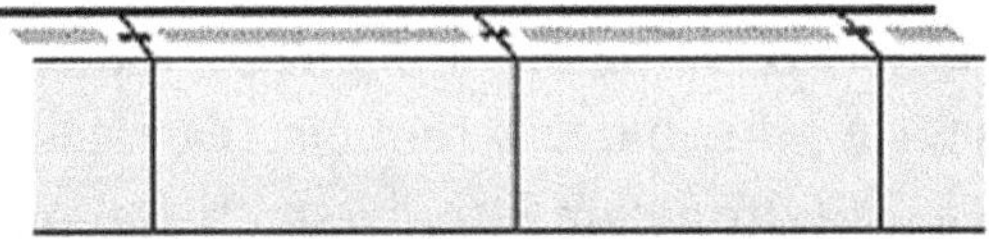

In queste tacche superficiali a coda di rondine non è mai stato trovato alcun materiale agglomerante. Con o senza tenoni di legno, queste tacche non hanno alcuna importanza architettonica o strutturale.

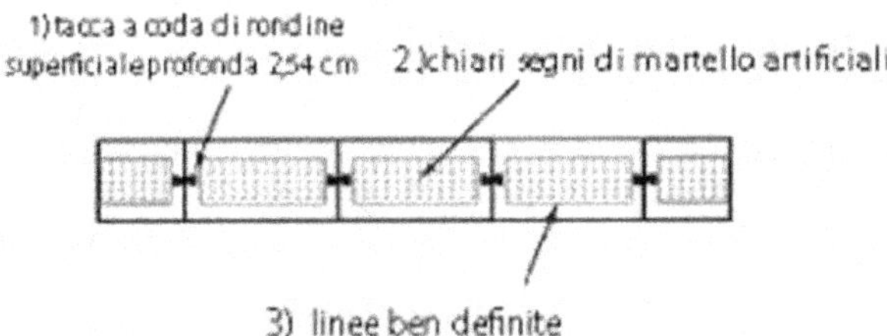

2. Sulla sommità dei blocchi sono presenti segni di martello artificiali, intenzionali, ben definiti, rettangolari, ordinati. Di nuovo, questi segni non hanno alcun valore strutturale. [Si veda l'illustrazione soprastante]

3. Le colonne a blocco unico circolare hanno sezioni collegate con un cerchio ben definito di segni di martello. Di nuovo, questi segni non hanno alcun valore strutturale. [Si veda l'illustrazione sottostante]

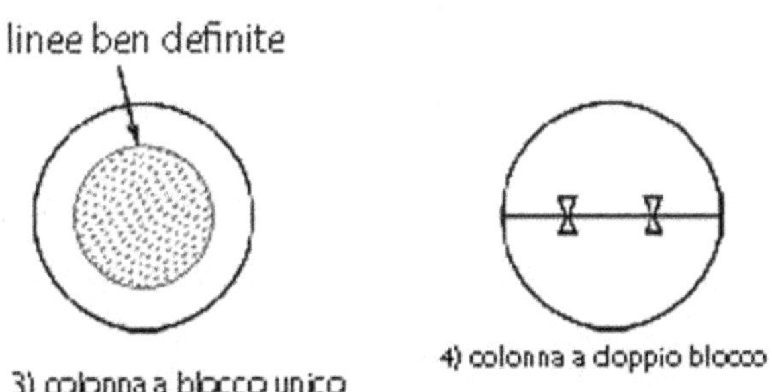

4. Le colonne costruite in blocchi semicircolari (che esprimono la dualità) possono avere una tacca superficiale a coda di rondine, profonda 2 cm, tra i due blocchi semicircolari. Di nuovo, queste tacche sono architettonicamente e strutturalmente prive di significato. [Si veda l'illustrazione soprastante]

5. I blocchi di pavimentazione dentro e intorno agli edifici dell'Antico Egitto sono disposti a mosaico, per evitare spigoli vivi e fessure continue, come gli enormi blocchi di pavimentazione intorno alle piramidi di Giza. Si possono vedere chiaramente questi blocchi molto durevoli, fatti perfettamente su misura e ad angolo retto, lunghi diversi metri.

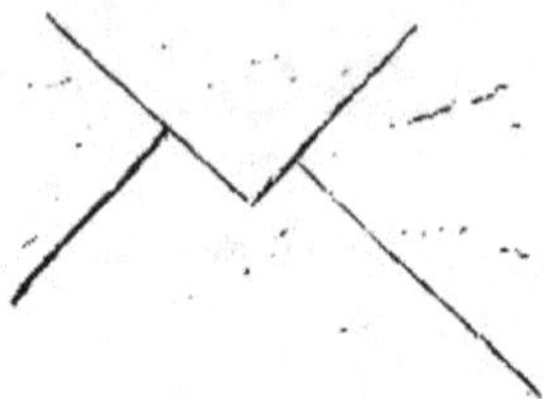

Nel corso della storia, gli antichi Egizi evitarono le semplici giunzioni a incastro. La creazione di angoli continui e ininterrotti permetteva alle energie di fluire senza impedimenti. Ecco alcuni esempi di applicazione delle giunzioni ritrovate in varie località dell'Egitto:

1. Nella piramide di Chefren nella Valle dei Templi a Giza, vicino alla Sfinge.

Molte delle pietre sono collocate con angoli diversi. Questa pratica, comune negli edifici egiziani, non ha alcun vantaggio strutturale rispetto alla seduta abituale. I calcoli e il lavoro aggiuntivi richiesti per questo tipo di giunzioni sono considerevoli, e la nozione occidentale di "fattibilità progettuale" o "considerazione economica" non è mai stata considerata nell'Antico Egitto.

Gli angoli delle pietre non sono incastri regolari a coda di rondine, ma piuttosto angoli alternati e invertiti. Le giunzioni girano
intorno agli angoli. Per formare questi angoli, è stata intagliata
l'intera faccia della pietra per oltre 30 cm – in alcuni casi in modo
radicale, in altri creando a malapena un rientro di soli 2 cm circa.

Questo metodo unico di creare angoli venne usato comunemente
lungo la storia d'Egitto. Lo scopo di questa singolare caratteristica è di evitare continue fessure, in modo da mantenere l'unità
del tempio. Di conseguenza, i componenti del tempio dovevano
essere collegati in modo tale che l'energia cosmica potesse fluire
senza impedimenti.

2. Anche questo trovato a Saqqara e risalente all'Antico Regno.

Dopo essere andati all'ingresso attraverso il muro di cinta, troviamo le stesse tecniche di modello di giunzione:

3. Più a sud in Egitto, nel complesso templare di Karnak, troviamo la stessa tecnica per collegare i blocchi, e su di essi delle raffigurazioni.

4. Proseguendo più a sud lungo il Nilo, arriviamo al tempio di Kôm Ombo. Anche in questo caso troviamo dei simboli geroglifici che si estendono perfettamente su due blocchi adiacenti.

Alla fine di questo specifico muro, incontriamo le connessioni organiche interne tra i blocchi delle pareti del tempio. Qui troviamo segni di martello artificiali, intenzionali, ben definiti e precisi, sul lato dei blocchi. Questo lavoro non ha assolutamente alcun valore strutturale (e lo dico con piena autorità, dal momento che sono un ingegnere civile con oltre 40 anni di esperienza).

Ci sono numerosi segni di martello artificiali, intenzionali, ben definiti, rettangolari e precisi sopra i blocchi. Di nuovo, essi non hanno alcun valore strutturale. Questo martellamento intenzionale e preciso è coerente con **un obiettivo organico, non strutturale.**

Ai piedi di questo particolare muro del tempio, troviamo altri

dettagli di progetto organico. Ogni blocco ha una tacca superficiale a coda di rondine profonda 2 cm che collega la pietra a
quella adiacente. Queste mortase collegano un blocco all'altro:
una sorta di sistema nervoso o arterioso che attraversa tutto il
tempio.

Altre tacche organiche a coda di rondine si trovano in tutto il
monumento. In queste tacche superficiali a coda di rondine non
è mai stato trovato alcun materiale legante. Con o senza tenoni
di legno, queste tacche non hanno alcuna importanza architettonica o strutturale. Troviamo inoltre frequenti segni di martello
intenzionali, ben definiti, rettangolari, accurati e artificiali nella
parte superiore dei blocchi. Anche in questo caso non hanno
alcun valore strutturale.

5. Nel tempio di Luxor troviamo questa **tecnica di giunzione organica** nelle grandi statue di granito in posizione seduta. Una fessura inclinata nel granito è stata "riparata" con due tacche a coda di rondine. La procedura simbolica (o meglio, organica) è inevitabile.

6. Troviamo simili tipi di giunzione delle statue nelle sfingi con testa di uomo che si estendono per 3 km tra i templi di Luxor e Karnak.

7. Su questa impressionante strada asfaltata tra i due templi di Luxor e Karnak, incontriamo un'altra applicazione dei modelli di giunzioni organiche nei blocchi di pavimentazione che sono disposti a mosaico per evitare angoli appuntiti e continue fessure, come gli enormi blocchi di pavimentazione intorno alle piramidi di Giza. Si possono vedere chiaramente questi blocchi molto resistenti, accomodati perfettamente e ad angolo retto, lunghi diversi metri.

8. Più a nord nella piana di Giza, troviamo lo stesso schema organico sulla strada rialzata dalla Piramide di Khafra fino alla Valle dei Templi accanto alla Sfinge.

9. Gli stessi modelli in enormi blocchi di pavimentazione realizzati perfettamente su misura si trovano attorno alla base della Piramide di Chefren.

10. Gli stessi modelli si ritrovano in tutta la piana di Giza.

Gli antichi Egizi, nel corso della storia, hanno evitato giunzioni a incastro semplici e brusche. La creazione di angoli continui senza interruzioni permetteva alle energie di fluire senza impedimenti.

2.5 PROTEZIONE FISICA/METAFISICA DEI MURI ESTERNI

Oltre agli aspetti animati, organici e viventi, il tempio egizio era generalmente circondato da un enorme muro di mattoni di fango essiccati al sole in una disposizione ondulata. Questo muro isolava il tempio dall'area circonstante, che rappresentava simbolicamente le forze del caos. In senso metaforico, il fango è il risultato dell'unione tra cielo e terra. Il muro di mattoni veniva così di solito eretto in un movimento ondulato per simboleggiare le acque primordiali, che rappresentano il primo stadio della creazione.

Un tale muro è chiaramente visibile nel complesso templare di Karnak.

E nel piccolo tempio di Deir Medinet, sebbene si trovi nel mezzo del deserto.

Il tempio di Medinet Habu sulla riva occidentale di Luxor ci dà una chiara definizione dell'intero sito. Ci sono resti del muro di mattoni di fango a Medinet Habu, anche se si trova praticamente nel mezzo del deserto.

Il tempio principale, come vediamo qui, aveva dei muri esterni che sembravano una fortezza, così da proteggerlo da ogni forma di male.

Le rappresentazioni sui muri esterni indicano come esso assicurava protezione dalle forze del male in modo da preservare la sua natura sacra. Al tempio si accedeva attraverso il portale tra i due piloni. Esistono cinque forme principali di protezione delle mura esterne.

1) Trattenere i nemici stranieri.

2) Thot e Horus nell'atto di purificare una persona prima della sua entrata nel tempio.

3) Cattura e imprigionamento degli spiriti maligni sotto forma di uccelli, pesci, animali selvatici e impurità estranee umane.

4) Umani illuminati sotto forma di statue sedute.

5) Statue di animali protettivi simbolici, come falchi e leonesse.

La prima forma consiste nel trattenere le impurità estranee.
Nei templi, nelle tombe e nei testi dell'Antico Egitto, i vizi umani
sono raffigurati come degli stranieri (il corpo malato è tale perché è/è stato invaso da germi estranei). Gli stranieri sono raffigurati sottomessi, con le braccia strette/legate dietro la schiena, per
rappresentare l'autocontrollo interiore. Il più vivido esempio di
autocontrollo è la nota raffigurazione del faraone (l'Uomo Perfetto), sulle pareti esterne dei templi dell'Antico Egitto, che sot-
tometteva/controllava i nemici stranieri – i nemici (le impurità)
interiori.

Non ci sono assolutamente motivi per associare queste figure simboliche a una particolare razza o regione. Si tratta di una pura rappresentazione simbolica. La stessa scena di "guerra" si ripete nei templi di tutto il Paese, a significare che si tratta del suo simbolismo e non di una rappresentazione di fatti storici reali. Le scene di "guerra" simboleggiano l'infinita battaglia tra il Bene e il Male.

Molte raffigurazioni illustrano la battaglia di Kadesh. La famosa "battaglia di Kadesh" è in realtà il dramma personale del singolo uomo reale (il re in ciascuno di noi) che soggioga da solo le forze interiori del caos e dell'oscurità. Kadesh significa santo/sacro. Pertanto, la battaglia di Kadesh significa lotta interiore – una guerra santa interiore che avviene in ogni individuo.

La seconda forma è garantire la purezza di coloro che entrano nel tempio. Il modello egiziano di misticismo sottolinea che la purezza si può raggiungere solo purificando il cuore e praticando il puro intento nella normale vita quotidiana.

Nelle tradizioni dell'Antico Egitto, le facoltà attive dell'Uomo Perfetto erano l'intelligenza (identificata con il cuore e incarnata da Horus – una divinità solare) e l'azione (identificata con la lingua e incarnata da Thot – una divinità lunare). Si pensa con il cuore e si agisce con la lingua, come descritto su una stele dell'Antico Egitto:

> *«Pensando con il cuore, e comandando con la lingua ogni cosa che egli desidera».*

La raffigurazione dell'Antico Egitto [qui indicata] mostra la purificazione della Persona Perfetta da parte dell'azione combinata del suo cuore (Horus) e della lingua (Thot), dove l'acqua assume la forma di ankh e di scettro uas, che rappresenta l'acqua. L'ankh rappresenta la vita eterna e lo scettro uas rappresenta l'autorità, cioè il totale autocontrollo.

La terza forma per garantire la purezza del luogo è catturare e imprigionare le forze del male attraverso le reti. Le scene con le reti sono un tema costante nei templi e nelle tombe egiziane nel corso della storia.

La cattura degli uccelli equivale al controllo delle forze del caos. Nell'opera massonica di Mozart, *Il flauto magico*, lo spirito libero Papageno intrappola gli uccelli selvatici. Questo è un simbolismo puramente egiziano, perché per gli antichi Egizi ogni uccello (come il falco, l'avvoltoio, la cicogna, la fenice, l'oca ecc.) simboleggiava diverse qualità spirituali. Ogni specie di uccello rappresentava un aspetto spirituale selvaggio che doveva essere intrappolato, ingabbiato, a volte domato e talvolta offerto in sacrificio ai neteru.

La scena della cattura degli uccelli è predominante fin dall'epoca dell'Antico Regno, come possiamo vedere in molte tombe a Saqqara.

Anche la caccia e la pesca sono sinonimo di controllo del caos.

L'esempio sulle mura esterne del tempio di Edfu illustra molto chiaramente questo concetto, poiché la rete include pesci, uccelli, animali selvatici e "prigionieri stranieri".

La quarta forma consiste in statue umane sedute che rappresentano la liberazione del sé spirituale dal sé materiale inferiore. Gli Egizi erano ben consapevoli della struttura scatolare, che è il modello terreno o del mondo materiale. La forma della statuaria detta "statua-cubo" si è particolarmente diffusa a partire dal Medio Regno (2040-1783 p.e.v.). Il soggetto veniva integrato nella forma cubica della pietra. In queste statue cubo vi è un forte senso del soggetto che emerge dalla prigionia del cubo. Il suo significato simbolico è il principio spirituale che emerge dal mondo materiale. La persona terrena viene collocata inequivocabilmente nell'esistenza materiale. La divinità viene raffigurata seduta esattamente su un cubo, ovvero la mente sopra la materia.

L'incisione sul sedile mostra il tipico collegamento delle "due terre" di due immagini speculari di Hapi, a significare la capacità di comprendere e unire la duplice natura della creazione.

Le statue di individui illuminati fungevano da intermediari tra le persone e le divinità attraverso riti appropriati in momenti specifici.

La quinta forma consiste in statue di animali che incarnano certi aspetti divini dell'universo.

Falco di Horus nel tempio di Edfu:

Leonessa a Medinet Habu a Luxor.

2.6 LE FONDAMENTA ORGANICHE DEL TEMPIO

La scelta della posizione e delle peculiarità progettuali di un tempio non si basavano su considerazioni economiche, ma su una più profonda conoscenza del macrocosmo.

Poiché i templi dell'Antico Egitto hanno migliaia di anni, era necessario un loro restauro/ricostruzione a distanza di qualche decennio/secolo. Alcuni templi sono stati demoliti molte volte. Altri non vennero mai distrutti, ma furono mantenuti con cura e periodicamente riparati e integrati.

Gli Egizi avevano un sistema razionale nei processi di smantellamento e ricostruzione. Alcuni blocchi di un vecchio tempio erano posti sotto le colonne di un nuovo tempio come se fosse il seme per nutrire una nuova pianta. Il tempio egizio aveva la sua vita naturale e organica, e quando aveva completato il suo ciclo predestinato, veniva demolito o modificato o integrato. Il riutilizzo di blocchi del tempio era intenzionale, e lo scopo era di rigenerare il nuovo tempio.

I templi di tutto l'Egitto fanno riferimento al fatto di essere stati originariamente costruiti molto prima della loro "storia dinastica". I testi inscritti nelle cripte del tempio di Hathor a Dendera indicano chiaramente che il tempio, restaurato durante l'epoca tolemaica, si basava su progetto risalenti al re Pepi della VI dinastia (2400 p.e.v.). I disegni stessi sono copie di documenti che sono migliaia di anni più vecchi (periodo dei Seguaci di Horus). Il testo recita:

> *La fondazione venerabile di Dendera è stata trovata nei testi antichi, scritti su un rotolo di cuoio ai tempi dei Seguaci di Horus (= i re precedenti a Mena/Menes), rinvenuto a Menfi, in un cofanetto ai tempi del Re delle Due Terre... Pepi.*

[Informazioni più dettagliate a supporto dell'evidenza fisica e storica di reperti dell'Antico Egitto risalenti ad almeno 39.000 anni addietro si trovano nel libro *Alla scoperta della cultura dell'Antico Egitto* di Moustafa Gadalla.]

PARTE II : LA MANIFESTAZIONE FISICA DI CONCETTI METAFISICI

CAPITOLO 3 : LE FORME DI COMPONENTI ARCHITETTONICI DELLE FUNZIONI METAFISICHE

3.1 LE "FALSE PORTE" – LA SOGLIA FISICA METAFISICA

Sul lato occidentale di TUTTI i templi, i santuari e le tombe private egizie di tutte le epoche della storia dell'Antico Egitto, si trova sempre una fessura nel muro – o ciò che viene comunemente descritto come *falsa porta*.

L'ovest è il punto di ingresso dello spirito defunto. È la soglia tra il regno fisico terrestre e il regno metafisico.

La "falsa porta" assume essenzialmente la forma di un muro incassato con cavità in pietra, simile nei dettagli a una normale porta/finestra che si può aprire e chiudere. La "falsa porta" può assumere la forma di "*miḥrāb*", una nicchia nel muro che può contenere un'effige o una reliquia.

Nei templi divini, la falsa porta si trova in fondo al santuario e funge da interfaccia tra la sfera divina e quella umana.

Le forme e il flusso direzionale dell'azione umana in entrata finiscono alla falsa porta, e il flusso delle benedizioni divine inizia e fluisce verso l'esterno in direzione dell'ingresso del tempio.

Guardando, ad esempio, il grande tempio di Medinet Habu sulla
riva occidentale di Luxor – e il suo muro occidentale –

troviamo la falsa porta:

Più a nord, ad Abido, troviamo una falsa porta simile sul suo
muro occidentale.

Allo stesso modo, in centinaia di tombe/mastabe nella piana di
Giza:

False porte si trovano anche lungo le pareti occidentali delle
tombe a Saqqara:

Il termine "falsa porta" è di per sé inappropriato, dal momento
che, dal punto di vista egiziano, questi elementi erano a tutti
gli effetti dei portali funzionali attraverso i quali lo spirito del

defunto poteva uscire o entrare all'interno della tomba per ricevere le offerte che gli venivano presentate.

Altre caratteristiche delle false porte nelle tombe:

1. La maggior parte di questi pannelli mostra il proprietario in piedi o seduto davanti al tavolo delle offerte. La figura del proprietario è scolpita frontalmente nell'atto di uscire dalla soglia della porta. I rilievi del defunto in posizione eretta appaiono anche sugli stipiti della falsa porta, rappresentando così il proprietario che viene a ricevere le offerte funebri.

2. Un tavolo delle offerte davanti alla figura del defunto è riempito di fette di pane e testi semplici che elencano le diverse offerte di cibo e bevande, da pane e birra a carne e pollame, verdure, vestiti e oli sacramentali. L'altare, con le sue fette di pane, può essere integrato da altri tavoli contenenti offerte o vasi da libagione.

3. I visitatori portano gli animali e gli uccelli sacrificali e
fanno a pezzi il toro sacrificale sulla porta della tomba. Al
centro c'è il defunto, seduto sotto il suo padiglione (che simboleggia un regno diverso) pronto a ricevere il sacrificio.

4. Dietro la porta c'è il condotto di sepoltura principale.

Il condotto principale andava dal centro del tetto della mastaba alla camera funeraria.

Gli incontri alle "false" porte durante le feste

Durante le feste e i giorni delle offerte, quando i visitatori presentavano il banchetto secondo riti tradizionali, questa grande figura dipinta, nell'atto di avanzare, e osservata alla luce di torce tremolanti o lampade fumanti, poteva ben sembrare dotata di vita. Era come se l'antenato defunto uscisse dal muro e si ergesse misteriosamente davanti ai suoi discendenti per reclamare il loro omaggio. L'iscrizione sull'architrave ribadisce, ancora una volta, il nome e il grado del defunto. Ritratti fedeli del defunto e di altri membri della sua famiglia appaiono nei bassorilievi sugli stipiti della porta. Le scene lo raffigurano seduto tranquillamente al tavolo, con i dettagli della festa accuratamente registrati al suo fianco, dal primo momento in cui gli viene portata l'acqua per l'abluzione a quello in cui, esaurito tutto il cibo, non deve far altro che tornare alla sua dimora in uno stato di beata soddisfazione.

Per volontà divina, l'anima (o piuttosto i doppi [Ka] del pane, della carne e delle bevande) passava all'altro mondo e lì ristorava il doppio [Ka] umano. Non era tuttavia necessario che l'offerta avesse un'esistenza concreta per essere efficace. Il primo che fosse arrivato ripetendo a voce alta il nome e le formule inscritte sulla pietra, avrebbe garantito all'occupante sconosciuto, solo per questo, il possesso immediato di tutte le cose elencate.

3.2 PARETI INCASSATE

Le "false porte" venivano sempre costruite con rientranze e proiezioni consecutive.

Lo stile dei pannelli incassati della "falsa porta" era ampiamente utilizzato anche nella costruzione delle mastabe (la struttura in superficie di tombe più antiche).

Il primo grande progetto noto che utilizzava tale tecnica, il muro di cinta del complesso di Djoser a Saqqara, fu eretto diversi secoli prima delle grandi piramidi d'Egitto. Costituisce di per sé un risultato importante.

Il muro fu scoperto grazie agli scavi archeologici nel 1926. Questo muro potrebbe non sembrare egiziano solo perché la sua architettura accurata è stata copiata in molte moderne città occidentali.

Più di un chilometro quadrato e mezzo di deserto è rinchiuso dentro il muro. Una volta completato, il muro di cinta era lungo quasi 549 m e largo 274 m, e raggiungeva un'altezza di oltre 9,1 m. Pertanto, il muro di cinta era di per sé un progetto impressionante. Le sue successive rientranze e proiezioni richiesero più del triplo della quantità di pietra e manodopera necessari per un muro simile semplice.

È costruito in pietra calcarea e rivestito in pietra calcarea finemente levigata. Per cui il muro di cinta era un progetto impressionante.

Molti architetti del XX secolo, desiderosi di liberarsi dal caos del periodo vittoriano e da altre forme architettoniche europee depresse, si rivolsero all'Egitto per trarne ispirazione. Saqqara e il tempio ugualmente raffinato di Hatshepsut a Luxor, in particolare, corrispondevano agli stili contemporanei emergenti.

Il tempio commemorativo eretto dalla regina Hatshepsut in egiziano è chiamato *il più splendido degli splendidi*. Si trattava della reduplicazione di un tempio precedente costruito durante il periodo del Medio Regno. Si possono vedere i suoi resti accanto al tempio di Hatshepsut. Questo tempio (templi) ha una progettazione simile a quella del muro di cinta di Saqqara.

Molti studiosi, architetti e visitatori considerano questo tempio il più raffinato d'Egitto e uno dei maggiori capolavori architettonici del mondo.

Insieme a Saqqara, questo tempio ha esercitato una notevole influenza diretta e indiretta sul pensiero architettonico contemporaneo di tutto il mondo.

3.3 COLONNE E PILASTRI

Ci sono migliaia di colonne negli edifici dell'Antico Egitto. La maggior parte si trova nelle cappelle funerarie e mastabe più semplici, a centinaia, e sono lì da oltre 5.000 anni. La tipica cappella funeraria aveva un portico e una sala con le colonne, e queste erano parte integrante della struttura.

Per chi ha una mentalità occidentale, una colonna è un supporto verticale inanimato per una trave o un tetto. Da questo punto di vista, le colonne possono sembrare *graziose*, con sommità e decorazioni graziose che mostrano una gamma di stili.

Le colonne nei templi egizi non erano solo strutture di sostegno. Le colonne, come gli altri elementi nei templi, facevano parte della forma organica e della funzione di questi luoghi sacri. Erano ricoperte da corrispondenti colori decorativi per enfatizzare la loro funzione organica.

La padronanza del principio verticale da parte degli antichi Egizi si manifestava, tra le altre cose, nelle lunghe file delle loro alte torri piramidali, degli obelischi e delle lunghe colonne che si estendevano su tutto il fronte dei loro edifici prima di qualsiasi loro esistenza altrove.

La mentalità occidentale, così ossessionata dall'"evoluzione" di ogni cosa, considera i tipi di colonne come una progressione/evoluzione da un semplice quadrato a un elegante stile tondeggiante.

Ma il fatto è che ancora oggi vediamo tutte le forme di colonna utilizzate per luoghi e motivi diversi. Lo stesso accadeva nell'Antico Egitto, dove venivano usate tutte le tipologie – e non esisteva alcuna cosiddetta "evoluzione" artificiale.

Nei vari monumenti egiziani troviamo la manifestazione del principio verticale, reso esplicito in tutti i tipi di colonne di supporto.

Dal progetto avanzato di colonne gemelle – come a Saqqara:

Oppure aumentando la capienza progettuale della colonna con l'aggiunta di un supporto laterale [muro] – come a Saqqara.

Dalla semplice piazza nell'elegante tempio di Hatshepsut

alla forma poligonale nello stesso tempio:

e semplicemente usando le sfaccettature piatte della forma poligonale per scavarne la superficie piatta in solchi, ottenendo una colonna scanalata.

Colonne doriche egiziane si trovano negli edifici a sud, a Saqqara.

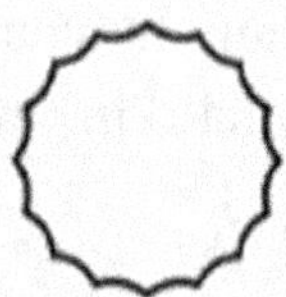

Colonne "doriche" autoportanti si trovano nelle tombe di Beni Hasan, nel Medio Egitto, risalenti all'epoca del Medio Regno, migliaia di anni prima che fossero riscontrate in Grecia.

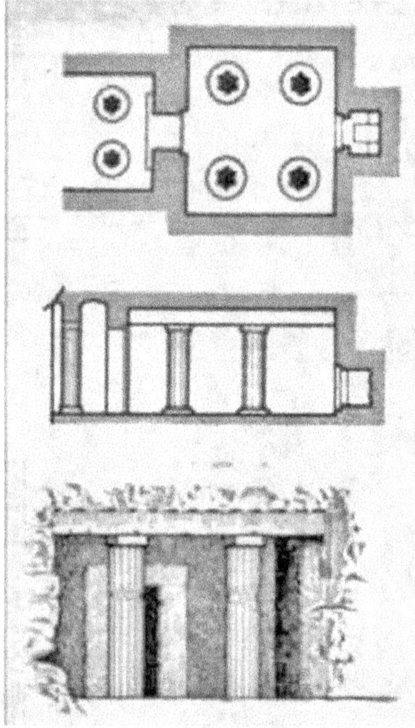

Ci sono poi le colonne autoportanti semplici, rotonde, nelle tombe del periodo delle piramidi sulla piana di Giza.

E nella gloriosa sala ipostila nei templi di Karnak a Luxor:

Ci sono anche le colonne più sofisticate, con sezioni trasversali convesse fascicolate.

   – Alcune avevano la stessa larghezza/diametro.

   – Altre una larghezza/diametro variabile.

In sintesi, i pilastri/le colonne nell'Antico Egitto, proprio come nella nostra "epoca moderna", possono essere:

– Autoportanti o incorporate/incassata

– Portanti (a sostegno del carico) o non dedicate a sostenere il carico

– Interne o esterne (facciata). Proprio come oggi, i muri

potevano essere utilizzati tra le colonne per racchiudere uno spazio.

– Le colonne potevano essere

    – singole o

    – gemelle, o con una parete parziale, per ridurre l'effettiva lunghezza laterale

In Egitto le colonne erano di dimensioni variabili, da enormi a snelle ed eleganti, come le colonne fascicolate.

Le colonne in Egitto possono essere classificate in base a due variabili principali:

A. Sezione trasversale

1. Quadrata – che era anche la struttura di base di tutte le altre varie forme.

2. Poligonale – creata da un quadrato

3. Scanalata (concava) – creata da un poligono

4. Cilindrica semplice – creata da un quadrato

5. Fascicolata/Papiriforme (convessa) – creata da un quadrato

B. Configurazione verticale

1. Stessa larghezza/diametro su tutta la lunghezza della colonna

2. Larghezza/diametro variabili su tutta la lunghezza della colonna

La colonna egiziana era costruita con diversi pezzi; ma consisteva di mezzi (non di interi) tamburi, con la giunzione posizionata alternativamente su un lato e sull'altro; due a due ad angolo retto rispetto alle giunzioni vicine, sotto e sopra..

A-1. Il pilastro quadrato

I pilastri quadrati si trovano nei primi portici costruiti e nei peristili dei templi antichi. Praticamente tutte le cappelle funerarie fin dall'epoca predinastica avevano delle tipiche stanze con questi pilastri quadrati.

A volte i pilastri quadrati venivano utilizzati in combinazione con una statua di Osiride. Questa forma è comunemente nota come il "pilastro di Osiride". Tale forma si ritrova fin dai tempi del Medio Regno e consisteva in statue con l'immagine di Osiride incorporata, di solito nella parte anteriore dei pilastri.

La configurazione quadrata era il modello di base per il profilo di tutte le altre diverse forme.

A-2. Sezione trasversale poligonale

Il primo passo per formare una colonna circolare poligonale e scanalata è tagliare i quattro angoli di un pilastro quadrato. La forma quadrata veniva quindi convertita in un fusto ottagonale. Gli otto lati ottenuti erano nuovamente suddivisi in 12, 16, 20 e 32 lati.

A-3. Sezione trasversale scanalata (concava)

Le multiple sfaccettature piatte di una sezione trasversale poligonale erano quindi scanalate per ottenere una **sezione trasversale arrotondata e scanalata.** I fusti dorici scanalati egiziani si trovano negli edifici a sud di Saqqara.

Non c'è dubbio che gli Egizi sapevano modellare le colonne doriche 2.000 anni prima dei Greci, come si può vedere in tutto
l'Egitto e, ad esempio, nel complesso di Djoser a Saqqara, sia
negli edifici "a sud" che in quelli "a nord". Poco dietro il cortile
di Heb-set si trovano gli edifici meridionali (che si distinguono
dalla serie di edifici appena oltre, noti come gli edifici settentrio-
nali).

L'edificio settentrionale, con le sue colonne **scanalate/doriche**,
è simile alla sua controparte meridionale, tranne per il fatto che
le colonne hanno la forma di gambi di un fiore aperto e sono
scolpite sulla facciata. Esse riproducono un gambo aperto con
estrema fedeltà e bellezza, fino al punto di riprodurre nella pietra
il triangolo addolcito del vero gambo e l'ispessimento dello stelo
sopra il terreno prima di assottigliarsi delicatamente fino al ger-
moglio in fiore.

Le colonne doriche scanalate di 4.500 anni fa si trovano non solo
a Saqqara, ma anche in altri luoghi in tutto l'Egitto, come nelle
tombe di Beni Hasan risalenti al Medio Regno, come risulta evidente dalle colonne del cortile esterno della tomba di Khnumho-
tep (n. 3).

Le colonne di Beni Hasan hanno un diametro di 0,91-1,22 metri
e un'altezza di 5,09 metri. Sono scolpite con 16 eleganti facce
o scanalature lungo il loro fusto. Queste **colonne scanalate**,
insieme ai capitelli e all'abaco, sono esattamente identiche
all'ordine comunemente chiamato ordine **dorico** greco, ma lo
precedono di almeno 1.500 anni.

Quelle che vengono erroneamente chiamate colonne *doriche greche* furono effettivamente realizzate in Egitto almeno duemila

anni prima di essere copiate dai Greci. Fu indubbiamente da questo e da altri monumenti antichi di tutto l'Egitto che i Greci presero in prestito il loro fusto dorico.

A-4. Semplici sezioni cilindriche a partire da un quadrato si trovano nelle mastabe e nelle tombe a Giza, Saqqara e altrove in Egitto risalenti a oltre 5.000 anni fa.

A-5. Sezione trasversale fascicolata – convessa con diametro variabile o invariabile. Splendide colonne fascicolate si trovano nel complesso di Djoser già nell'Antico Regno. Le colonne fascicolate dell'Antico Egitto erano un'imitazione delle colonne fatte con fasci legati di giunchi.

Va notato che la sezione trasversale "fascicolata" è più difficile da realizzare, a causa del suo stile convesso, rispetto alla rientranza concava del fusto "dorico", specialmente quando la colonna a fascio varia in larghezza. Le colonne fascicolate devono anche essere predisegnate, in base alla conoscenza delle proprietà del cerchio e delle sue divisioni in parti uguali.

Le più eleganti colonne con decorazioni lotiformi sono quelle delle tombe di Beni Hasan, dove erano usate contemporaneamente allo schema poligonale e scanalato.

Le considerazioni precedenti tracciano una caratterizzazione generale delle varie forme e strutture. Gli Egizi utilizzavano un'ampia gamma di queste forme, dalle applicazioni semplici a quelle più stilizzate con vari gradi di stilizzazione, da un semplice dipinto a rappresentazioni del corpo. Tutte queste stilizzazioni erano coerenti con il principale obiettivo/funzione e avevano lo scopo di migliorare e ampliare la funzione di ciascuno.

3.4 I CAPITELLI DELLE COLONNE

Le colonne e i loro capitelli, come tutti gli elementi dei templi egizi, facevano parte della forma e della funzione organica di questi luoghi sacri.

Gli Egizi avevano due principali tipi di capitelli per le loro colonne:

- **a bocciolo chiuso**, e

- **a fiore aperto**.

Il bocciolo chiuso si trova sempre nei cortili esterni e lontano dall'asse centrale del tempio interno.

Il fiore aperto, capitelli a forma di grande campana che rappresenta l'ombrello aperto della pianta, si trova sempre nelle aree centrali del tempio. Il fiore significa il rinnovamento della vita.

La forma a fiore aperto si riferisce sempre al rinnovamento (rinascita), come nel caso del neter (dio) Nefertem. I testi dell'Antico Egitto descrivono Nefertem come *rinato ogni mattina dal giglio.*

In quelli che vengono chiamati Testi delle Piramidi, che risalgono a 4.400 anni fa, ci si rivolge al faraone Unis in questo modo:

"Alzati come Nefertem dal giglio, ed esci su l'orizzonte ogni giorno".

Le forme vegetali simboleggiano la vita e la rigenerazione, e la sommità fiorita della pianta/colonna simboleggia questo perpetuo rinnovamento/creazione.

Inoltre, gli Egizi presentano **molte forme stilizzate di ciascun tema** di forma di capitello, ognuna con il suo motivo floreale corrispondente. Per esempio, una peculiare forma modificata dell'ultimo tipo era il capitello a forma di campana capovolta della colonna a forma di picchetto di tenda. Questo tipo di colonne era usato in realizzazioni di pietra così come di legno per supportare strutture leggere quali tende, santuari, chioschi o cabine di navi sin dall'Antico Regno. Sono particolarmente presenti anche nella sala delle feste di Thutmose III (1490-1436 p.e.v.) a Karnak.

Un'altra variante dei due principali tipi di capitello è quello egizio *dorico*, che è una leggera variante della colonna egiziana lotiforme.

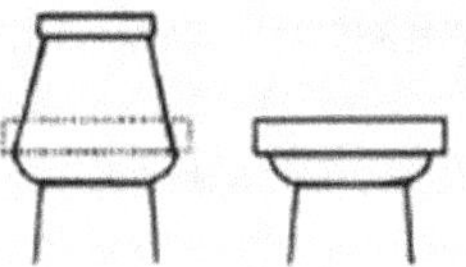

Come mostrato nell'immagine, una volta rimossa la parte superiore con la pianta acquatica e abbassato il blocco superiore, ne risulta la forma del *capitello dorico*.

Il <u>**capitello lotiforme**</u> con il fiore e il bocciolo, così come la colonna palmiforme, furono utilizzati come minimo a partire dalla VI Dinastia (2323-2150 p.e.v.).

Va anche notato che il piccolo cerchio intorno al collo delle prime colonne greche è molto simile alle bande egiziane, molto più antiche, legate attorno al fascio di piante acquatiche.

Un abaco è un blocco di pietra che costituisce la parte superiore del capitello di una colonna. Un capitello, che sembra un mazzo di lino o altri fiori, è raffigurato anche nei primi dipinti dell'Antico Egitto, a supporto di calotte di legno.

Capitello hathorico/a sistro

Le colonne hathoriche risalgono ai tempi del Medio Regno e di solito erano costituite da un fusto sormontato da un capitello che aveva le caratteristiche della netert (dea) dalla testa di vacca. Le colonne a sistro sono anche associate a Hathor, e nei loro fusti e capitelli sono raffigurati i sonagli e le impugnature del sistro – il principale attributo di questa netert (dea).

Nei templi associati a Hathor, gli Egizi usavano il cosiddetto capitello hathorico/a sistro, che si trova nei templi risalenti a un'epoca anteriore al Nuovo Regno. In alcuni santuari egiziani, la parte superiore del pilastro è decorata, in bassorilievo, con un volto identificabile con quello di Hathor, per via delle due orecchie di vacca, come un pilastro scolpito in questo modo.

I capitelli hathorici/a sistro furono successivamente utilizzati in diversi templi egizi, come:

> i. Tempio di Hatshepsut sulla riva occidentale di Luxor,
>
> ii. Tempio di Nefertari ad Abu Simbel,
>
> iii. Tempio di Dendera

Quanto sopra è una caratterizzazione generale delle varie
forme e strutture. Gli Egizi le usavano in un'ampia gamma

di applicazioni, da quelle semplici alle più sofisticate, con diversi livelli di stilizzazione, da un semplice dipinto alle rappresentazioni del corpo. Tutte queste stilizzazioni erano coerenti con l'obiettivo/funzione principale, e miravano a enfatizzare e ampliare ciascuna funzione.

La progettazione dei capitelli nell'Antico Egitto era basata sui triangoli 1: 2, 1: 4 e 5: 8 di Neb (aureo), come vedremo più avanti in questo libro.

3.5 PORTICI E PERISTILI

I portici e i peristili furono usati dagli Egizi più di 5.000 anni fa
e rappresentavano un elemento costante di centinaia di tombe,
cappelle e templi in tutto l'Antico Egitto, sin dalle epoche più
remote.

Per portico si intende un porticato o una galleria coperta costituito da un tetto sostenuto da colonne, spesso all'ingresso o sulla
parte anteriore di un edificio. Il colonnato veniva utilizzato in
Egitto sin dall'inizio della storia del Paese.

Questa caratteristica architettonica costituiva il tipico ingresso
alle mastabe, tombe scavate nella roccia ecc., come si evince dalle
tombe di Giza (Antico Regno):

A Beni Hasan (Medio Regno):

Nel tempio di Hatshepsut risalente al Nuovo Regno, nei cui portici sono presenti pozzi quadrati e poligonali:

Per **peristilio** si intende una fila di colonne che circonda uno spazio o che sostiene un tetto; o qualsiasi area o recinto che forma un cortile.

Ancora una volta, troviamo questa caratteristica architettonica in ogni momento della storia dell'Antico Egitto, e in tutte le regioni del Paese.

3.6 I COLONNATI ORGANICI

In precedenza abbiamo considerato le colonne come elemento/i singolo/i. Qui forniremo alcuni esempi di gruppi di colonne (colonnati) in vari luoghi e periodi dell'Antico Egitto.

1. A Saqqara

Ci sono quaranta colonne nel colonnato del complesso piramidale di Djoser. In origine, il colonnato era coperto. Il tetto sopra le colonne più piccole formava una lunga galleria a forma di T. Le colonne del colonnato sono comunemente chiamate *scanalate*, un termine tecnicamente scorretto. Sono a fascio o fascicolate, con una larghezza diversa tra la parte superiore e quella inferiore.

Queste colonne sono peculiari in quanto attaccate alla parete principale mediante una connessione in muratura. Ipotizzare che erano necessari dei muri di collegamento perché gli Egizi non sapevano progettare colonne autoportanti è incomprensibile. È difficile immaginare che gli Egizi, con le loro innumerevoli innovazioni a Saqqara, non fossero in grado di erigere una elementare colonna autoportante, se avessero voluto.

Il progetto di Saqqara consente una progettazione più efficiente. A livello estetico fornisce bellissime aree cubiche.

Il gioco dei numeri in questo caso è affascinante, nella misura in cui sono collegati a Osiride. Ci sono in tutto 40 colonne, la maggior parte delle quali ha 17 steli. Verso la fine, le due colonne autoportanti all'estremità occidentale ne hanno 19.

Il numero 17 rappresenta il giorno in cui Osiride è morto. Il numero 19 rappresenta la sua risurrezione nel cielo di ponente.

Man mano che il colonnato avanza verso ovest, anche la distanza tra le colonne si restringe. Vista la straordinaria conoscenza degli

Egizi dell'armonia e delle proporzioni, ci deve essere uno scopo più profondo per questo restringimento, rispetto al semplice talento artistico.

2. Nel tempio di Karnak

a. La Grande sala ipostila

La grande sala ipostila è la struttura che, assieme alla Grande Piramide e alla Sfinge, è stata universalmente riconosciuta come uno dei più grandi capolavori architettonici del mondo. Qui, in questa sala ipostila, tutti gli aspetti della creazione – religione, filosofia, scienza e arte, si realizzano nella pietra. Il risultato, dal punto di vista estetico, è soverchiante.

Ci sono sette file di nove colonne su ciascun lato della doppia fila di sei colonne più alte al centro. Nessun altro sito in nessun'altra parte d'Egitto dà tanta importanza ai numeri sei, sette e nove. Sette, il numero della trasformazione e della crescita, è moltiplicato per nove. Nove, l'Enneade, è un tema ricorrente dell'Antico Egitto. La Grande Enneade è responsabile della realizzazione dell'Universo e del suo mantenimento.

In nessun'altra parte del mondo vi è una concezione architettonica più rilevante o più nobile, o eseguita con tanta efficacia, rispetto alla sala ipostila del tempio di Karnak.

b. Il Tempio della Festa di Thutmose III

Qui il diametro delle colonne si restringe nella direzione opposta: sono più strette nella parte inferiore che in quella superiore. Lo stile di queste colonne, e dei relativi capitelli, è a calice rovesciato, conferendo a questo tempio uno stile particolare simile a una tenda.

3. Nel tempio di Luxor

a. Il colonnato di Amenhotep III è costituito da una doppia fila di sette colonne con capitelli a cupola liscia. Sette è il numero che simboleggia la trasformazione. Le colonne alte e aggraziate rappresentano un fascio di steli di papiro con capitelli a gemma.

b. La sala ipostila è composta da 32 colonne molto fitte. La pavimentazione in pietra alla base delle colonne indica le successive fasi cesellate della luna. La luna è nuova nella fila più meridionale delle colonne. La seconda fila indica la luna crescente. La terza e la quarta fila indicano la crescita della dimensione della luna... fino a diventare piena.

3.7 GLI OBELISCHI

L'obelisco egiziano è costituito da un blocco di granito rosa. Come tutto il granito rosa d'Egitto, fu estratto a diverse centinaia di miglia a sud, ad Assuan, trasportato per diverse miglia fino al fiume, caricato su una nave mercantile, trasportato fino a Luxor (Tebe), e poi montato sul suo piedistallo con una precisione unica.

Molti di questi obelischi sono stati trasportati fino in Europa e in America e nelle loro città più importanti.

I bassorilievi che mostrano i rituali rappresentano il faraone mentre solleva un obelisco da solo usando una corda legata all'estremità superiore. Si tratta ovviamente di una rappresentazione simbolica. Secondo il famoso egittologo *François Daumas*, l'innalzamento di un obelisco era la riproduzione simbolica del pilastro Djed (o Zed), il noto simbolo osiriano che rappresentava la spina dorsale (supporto) del mondo fisico e il canale attraverso cui lo spirito divino poteva emergere dalla materia per ricongiungersi alla sua fonte.

Ma l'obelisco aveva solo una funzione simbolica o anche scientifica?

Avere due obelischi all'ingresso dei templi, e sistematicamente di diverse altezze e dimensioni (laddove la simmetria sembrerebbe la procedura naturale) suggeriva diversi possibili scopi scientifici.

Accurate misurazioni e analisi hanno dimostrato che gli obelischi non sono perfettamente quadrati come sembra. I loro spigoli formano degli angoli leggermente fuori squadra, e in un'opera scolpita con tale precisione, non può trattarsi di casualità. Alcuni hanno suggerito che questa leggera variazione dell'angolo, insieme alle dimensioni dell'obelisco e agli angoli del pyramidion (la cuspide piramidale, originariamente placcata in elettro, una lega d'oro e argento), è calcolata utilizzando dati geodetici relativi all'esatta longitudine e latitudine in cui l'obelisco era stato originariamente collocato. Questo renderebbe l'obelisco molto più di una semplice meridiana.

Le ombre proiettate dai due diversi obelischi all'ingresso di un tempio consentivano all'astronomo o ai sacerdoti di ottenere precisi dati calendaristici e astronomici relativi a quella specifica posizione. Gli Egizi erano quindi in grado di coordinare queste informazioni con letture simili, da altri punti nevralgici ugualmente provvisti di questi peculiari obelischi.

3.8 FORME DELLE STATUE

Statue come immagini di dimora

Si definisce immagine *la somiglianza fisica o rappresentazione di una persona, un animale o una cosa*, fotografata, dipinta, scolpita o resa visibile in altro modo.

Come abbiamo visto nel capitolo 2 di questo libro [*La struttura metafisica dell'universo*], le forme più leggere di energie/spiriti possono occupare, a piacimento, un'energia (materia) più concentrata come l'uomo, un animale, una pianta o qualsiasi altra forma.

La matrice dello spirito/energia che animava la carne/materia umana alla nascita e lasciava il corpo (la materia) alla morte, parimenti può risiedere in qualsiasi altra materia per tutto il tempo che vuole. Per comunicare con uno spirito defunto (libero), è necessaria una dimora (una forma condensata di energia, possibilmente materia), in modo che lo spirito libero possa manifestare e trasmettere la sua volontà e il suo influsso agli esseri viventi sulla Terra. I neteru (dei, dee) e gli spiriti ancestrali disponevano di luoghi in cui dimorare, e si credeva che entrassero e uscissero a piacimento dalle loro statue. Pertanto, gli antichi Egizi e i Baladi offrono abitazioni agli spiriti di ogni tipo sotto forma di statue e amuleti.

Né gli antichi Egizi né i loro discendenti Baladi credevano nella natura divina delle loro statue. Questi oggetti erano semplicemente delle residenze locali. Uno spirito (matrice di energia) può vivere ovunque e in qualsiasi cosa. La cosa e la materia stessa non sono altro che medium. Il fruitore distingue chiaramente tra un certo oggetto materiale e lo spirito, per il tempo in cui vi dimora.

Per questo motivo, niente è così piccolo o assurdo da non essere ritenuto idoneo come dimora locale di uno spirito; perché, quando si suppone che lo spirito sia uscito da quella cosa (la libera) e l'abbia definitivamente abbandonata, l'oggetto stesso viene scartato e gettato via in quanto inutile.

Immagini statuarie di persone

Gli Egizi predisponevano una figura o una statua della persona deceduta, sforzandosi di conferirle tutte le caratteristiche del defunto, in modo che il "Ka" potesse riconoscerla come un'immagine del suo corpo ed essere felice di entrare nella figura prendendone dimora. Pertanto, queste "statue del Ka" fungevano da ospite/dimora/residenza temporanea dell'anima [Ba] migrante dell'individuo, che poteva farle visita attraverso appropriati rituali in determinati periodi dell'anno.

Queste immagini di persone venivano collocate in un luogo sicuro della tomba – nel cosiddetto serdab (parola che significa "cella"). Poiché non poteva esserci un serdab in una tomba collocata in una grotta, le statue del defunto venivano poste in una nicchia della camera più lontana.

Immagini di statue nei templi

I vari tipi di statue con le loro relative funzioni – sia all'interno del tempio egizio che quelle lungo le strade processionali o davanti al pilone – avevano diversi scopi. Queste statue fungevano da potenziali "ospiti" in cui, con rituali appropriati, potevano risiedere le forze divine.

Queste statue servivano anche da intermediari tra il popolo e i neteru (dei, dee) in cambio della pronuncia del nome e della recitazione della formula di offerta. La più potente di tutte le statue del tempio era l'effigie situata nel punto centrale del tempio, che rappresentava il "Ka" del neter [forza divina]. L'effigie agiva da "corpo" (essendo una forma condensata di energia) a cui faceva ritorno il "Ba", mentre il "Ka" era la forza vitale della manifestazione spirituale del neter [forza divina], riconosciuta dal suo "Ba".

Le statue e le effigi nei templi servivano da dimora per le energie cosmiche/dei neteru. Queste statue erano progettate accuratamente per corrispondere a una replica esatta di ciascun neter.

Un passaggio della stele di re Neferhotep (5.000 anni fa) ad Abido descrive il suo piano per cercare negli archivi informazioni originali riguardanti la tipica forma della statua di Osiride:

> *Costruirò [lui, le sue membra, la sua faccia, le sue dita] secondo ciò che la mia persona ha visto nei rotoli delle sue [forme].*

Statue cubiche concettuali

Le statue di tipo concettuale non rappresentano una persona specifica, ma un certo concetto e/o poteri divini.

L'egiziano era altamente consapevole della struttura scatolare, che è il modello della Terra o del mondo materiale. Le statue cubo si ritrovano nei monumenti ritrovati più antichi dell'Antico Egitto, dove la forma cosiddetta *statua cubica* era comune. Il soggetto veniva integrato nella forma cubica della pietra. In alcune di queste statue cubo vi è un forte senso del soggetto che emerge dalla prigionia del cubo. Il significato della statua, pertanto, è il principio spirituale che emerge dal mondo materiale.

Il "re" – in quanto uomo divino [nel cristianesimo: Figlio di Dio] – è spesso raffigurato seduto su un trono o sedile a forma di cubo, a significare il principio spirituale della dominazione e il trionfo sulla materialità.

Altre tradizioni, come quella platonica e pitagorica, adottarono lo stesso concetto di rappresentazione cubica egiziana del mondo materiale.

Statue concettuali di esseri umani e/o forme animali

In tutto il mondo sono in uso molte affermazioni che indicano coerentemente che l'essere umano è fatto a immagine di Dio (un universo in miniatura), e che capire l'universo significa capire se stessi, e viceversa. Tuttavia, nessuna cultura ha mai praticato questi principi come gli antichi Egizi. Fondamentale per la loro piena comprensione dell'universo era la consapevolezza che l'uomo fu creato a immagine di Dio e, pertanto, l'uomo rappresentava l'immagine di tutta la creazione.

Le forme animali incarnano certe funzioni e principi divini, come spiegato in precedenza parlando del simbolismo animale. Esistevano tre rappresentazioni principali in queste immagini statuarie concettuali. Le prime due sono esseri umani con testa di animale, o una pura forma animale. La terza forma è l'opposto di un essere umano con testa di animale, ovvero un animale/uccello dalla testa umana – l'aspetto divino del terrestre.

Tipi di materiali

La scelta del tipo di pietra non era dettata né da necessità economiche né da considerazioni pratiche di tipo strutturale. Si pensa che ogni tipo di pietra rappresentasse aspetti specifici del processo cosmico. Ecco le rappresentazioni cosmiche di alcune pietre:

Alabastro = Aria

Arenaria = Terra

Calcare = acqua

Granito = Fuoco

Una prova molto comune di tale scelta è il fatto che le statue della netert (dea) leonessa Sekhmet sono in granito, la pietra che rappresenta il fuoco.

3.9 FORME DI TETTO

Per coprire gli edifici, gli antichi Egizi usavano tutti i tipi di soffitti ancora usati al giorno d'oggi. Il tipo di tetto era deciso per ragioni metafisiche e non per ragioni pratiche di costruzione.

Per diverse funzioni, hanno utilizzato:

1. Un tetto piano – sostenuto da un sistema di travi sorrette a loro volta da colonne o muri portanti

Nel complesso di Djoser, il soffitto dell'ingresso dà l'impressione di essere fatto con tronchi di legno. Imitazioni simili di originali organici sono presenti in molti edifici egiziani.

2. Tetto a due spioventi

La parola timpano (*gable* in inglese) è di origine egiziana, ovvero *Gabal*, che significa cima/picco di una montagna – cioè di forma triangolare, come indicato in precedenza.

Il tetto a due spioventi si ritrova in molti monumenti dell'Antico Regno, circa 4500 anni fa.

3. Soffitto a falsa volta: un "finto" arco/volta

Questa forma di copertura in pietra assomigliava a un arco a gradoni, come quella che si trova all'interno della Grande Piramide in due stanze:

- il tetto della cosiddetta *Camera della Regina*

- il tetto della Grande Galleria.

Questa forma di copertura venne anche utilizzata nelle precedenti piramidi di Snefru.

È possibile trovare applicazioni simili nelle foto precedenti in varie parti di questo libro.

4. Archi e soffitti a volta

Gli antichi Egizi utilizzarono archi e tetti a volta negli edifici fin dall'inizio della loro storia. È opportuno prendersi qualche minuto per capire l'effettivo significato di arco e volta.

Secondo la definizione del dizionario, **un arco è** *un elemento strutturale tipicamente a forma curva sospeso su un'apertura e che serve da supporto (per un tetto o un altro peso sopra lo spazio vuoto): a) qualcosa che assomiglia a un arco sotto forma di funzione, ad esempio: una delle due parti a volta della struttura ossea del piede che gli conferiscono elasticità; b) una curvatura avente la forma di un arco.*

La volta è *a) una struttura ad arco in muratura che solitamente forma un soffitto o un tetto; b) qualcosa (come il cielo) che assomiglia a una volta; c) una struttura anatomica arcuata o a cupola; d) uno spazio coperto da una struttura ad arco, ad esempio: un passaggio o una stanza sotterranei.*

Archi e volte si ritrovano nei templi egizi e in altri grandi edifici di tutte le epoche, sopra o sotto terra.

Il soffitto a volta è un riflesso della netert (dea) Nut – *il firmamento* –, per cui le camere funerarie sono a volta (o spioventi, come nell'Antico Regno).

Il primo arco in pietra si trova a Saqqara. Un papiro rinvenuto nel complesso piramidale di Djoser (III dinastia) a Saqqara mostra la definizione della curva di un tetto mediante un sistema di coordinate. Si nota che le linee verticali sono poste alla stessa distanza l'una dall'altra, mentre i numeri indicano la loro lunghezza a partire da un livello orizzontale non contrassegnato e definiscono le coordinate di un certo numero di punti sulla curva. Questa è la prova che gli Egizi avevano un'idea molto precisa della rappresentazione grafica già 5.000 anni fa.

Oltre all'arco rinvenuto a Saqqara, ce ne sono molti altri anche nelle piramidi di Giza risalenti a 4.500 anni fa.

Gli archi in mattoni laterizi erano comunemente utilizzati per i tetti delle tombe sin dai tempi più remoti, come minimo dal 1600 p.e.v. a Luxor (Tebe). Altri archi risalgono all'epoca di Thutmose III e Ramesse V.

Un arco fatto in pietra non è una prova più tangibile della sua esistenza rispetto a quelli fatti con mattoni a Luxor (Tebe). **Il principio dell'arco è lo stesso, indipendentemente dal materiale utilizzato.** Semplicemente, l'arco in mattoni (come quello di pietra) si irradia da un unico centro. Non è necessario che un arco sia di un materiale particolare, né che l'arco abbia una chiave di volta, per essere qualificato come "arco". Gli archi, sia tondi che appuntiti, si ritrovano in tutte le epoche, senza una chiave di volta. Era lo stesso nell'Antico Egitto.

Nell'Antico Egitto si possono trovare tutte le forme, i tipi e i materiali (mattoni, pietra ecc.) di archi, secoli e persino millenni prima dell'epoca greco-romana.

Un **soffitto a volta**, di circa 4.500 anni, si trova nella piramide di Micerino a Giza. Un altro soffitto a volta si trova nel monumento del faraone successivo a Micerino, nella struttura chiamata *mastaba el-Fara'un* a Saqqara.

Troviamo inoltre **diversi soffitti a volta realizzati in modo impeccabile** più a sud, nel lontano tempio di Abido.

Qui il soffitto è formato da singoli blocchi di pietra che si estendono da un architrave all'altra, i quali, invece di essere collocati nel solito modo, si appoggiano sui relativi bordi in modo da fare spazio per scavare un arco nel loro spessore.

Una serie perfettamente costruita di archi o soffitti a volta nel Ramesseum sulla riva occidentale di Luxor ha ben 3.500 anni.

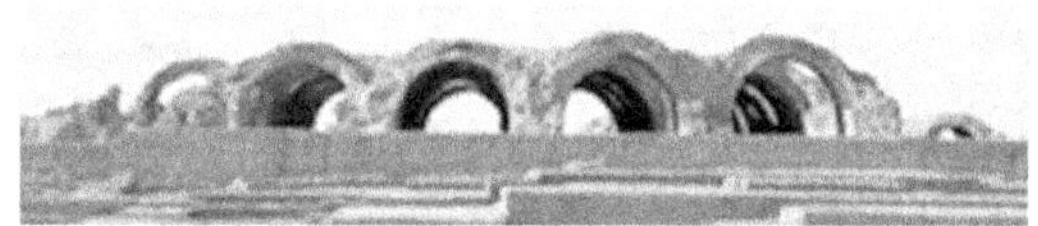

Gli Egizi utilizzavano **un'ampia varietà di soffitti curvi.**

L'arco poteva essere circolare o dotato di curve di altro tipo. Ecco altri esempi oltre a quelli già citati

Il soffitto a volta raffigurava la divinità celeste o la dea Nut, con il suo corpo arcuato.

Quanto sopra rappresenta una descrizione generale di varie strutture e forme. Gli Egizi utilizzarono un'ampia gamma di queste forme, dalle applicazioni più semplici a quelle più sofisticate e con diversi livelli di stilizzazione, dalla semplice pittura alle raffigurazioni corporee. Tutte queste stilizzazioni erano coerenti con l'obiettivo/funzione principale, e servivano a migliorare e amplificare ciascuna funzione.

3.10 DETTAGLI STILISTICI ARCHITETTONICI

Nell'Antico Egitto si usavano varie caratteristiche stilistiche architettoniche, come ad esempio:

<u>Architrave</u> – In Egitto l'architrave si ricavava dalla trave di pietra, che andava da pilastro a pilastro, sia nelle tombe che nei templi.

Sin dalla I dinastia, la più piccola tomba a mastaba privata presenta un tipico architrave sopra la porta d'ingresso.

L'architrave in pietra veniva utilizzato per aumentare le dimensioni e aggiungere un portico ai templi.

Sin dall'inizio della storia d'Egitto erano usati anche i dentelli quadrati su un architrave. Si possono vedere sulla facciata di una tomba a Beni Hasan e sul soffitto di una delle tombe di roccia delle piramidi, a imitazione dei tronchi della palma.

Qui è possibile vederli con splendidi dettagli nel complesso templare di Karnak a Luxor:

<u>Cornice</u> – Rappresentava sempre un dettaglio significativo nella progettazione delle cosiddette "false porte", che si trovano in ogni tomba e tempio dell'Antico Egitto. Da notare anche altre caratteristiche.

Di seguito è riportato un esempio completamente dipinto da una tomba di Saqqara risalente a circa 45 secoli fa.

Per le loro opere, gli Egizi sceglievano spesso oggetti come il loto e altri fiori, così come vari animali o teste di animali, che si adattavano per formare una cornice, in particolare nelle loro case e tombe, o per decorare eleganti oggetti di arredamento e abiti.

Toro – Il toro è stato usato in Egitto sin dall'inizio della sua storia, oltre 5.000 anni fa. In questa immagine è presentato come un significativo dettaglio della cosiddetta falsa porta, in tutte le tombe e i templi egizi.

3.11 ORNAMENTO E DECORAZIONE STILISTICA

Molte persone non capiscono il talento artistico dell'Antico Egitto poiché si concentrano solo sulle rappresentazioni figurative negli edifici egiziani.

C'è chi nota alcune varianti artistiche, ma anche in questo caso ci sentiamo dire che gli Egizi *non avevano immaginazione,* e quindi potevano solo imitare la natura, come i capitelli palmiformi riprodotti di seguito, simili alle palme rigogliose in Egitto.

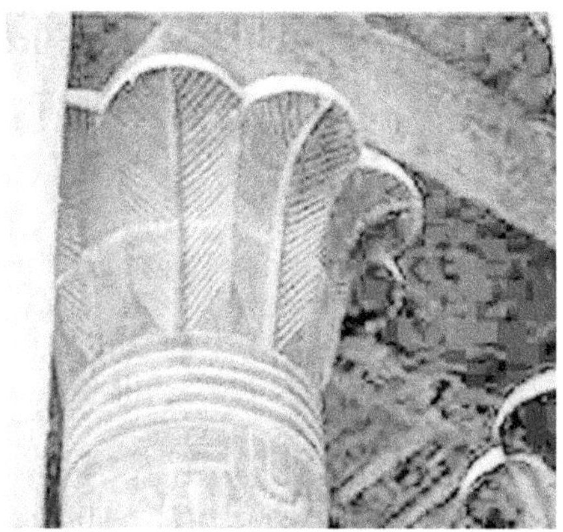

Gli schemi di progettazione in Egitto possono essere generalmente classificati in motivi floreali, geometrici, figurativi, o combinazioni di due o di tutti e tre.

Gli **schemi figurativi** naturalmente dominano i templi e le tombe; ma abbondano anche i motivi floreali e geometrici.

La mentalità occidentale è ossessionata dal dare un nome a ciascuna variante di questi modelli e dall'assegnare a ognuno di essi un aggettivo greco/romano, nonostante la sua preesistenza in Egitto.

Il genere **floreale** è raffigurato in una gamma che riflette la maturità delle piante, dal bocciolo chiuso al fiore aperto.

Le colonne nei templi in Egitto erano più che semplici strutture di supporto. Le colonne facevano parte del tempio animato organico e vivente.

Appaiono con boccioli chiusi:

e a fiore aperto:

<u>**I motivi geometrici**</u> si trovano dappertutto, a partire dai soffitti stellati

fino a modelli di tutti i tipi nelle tombe e templi ovunque in Egitto – molto prima che si diffondessero in Europa.

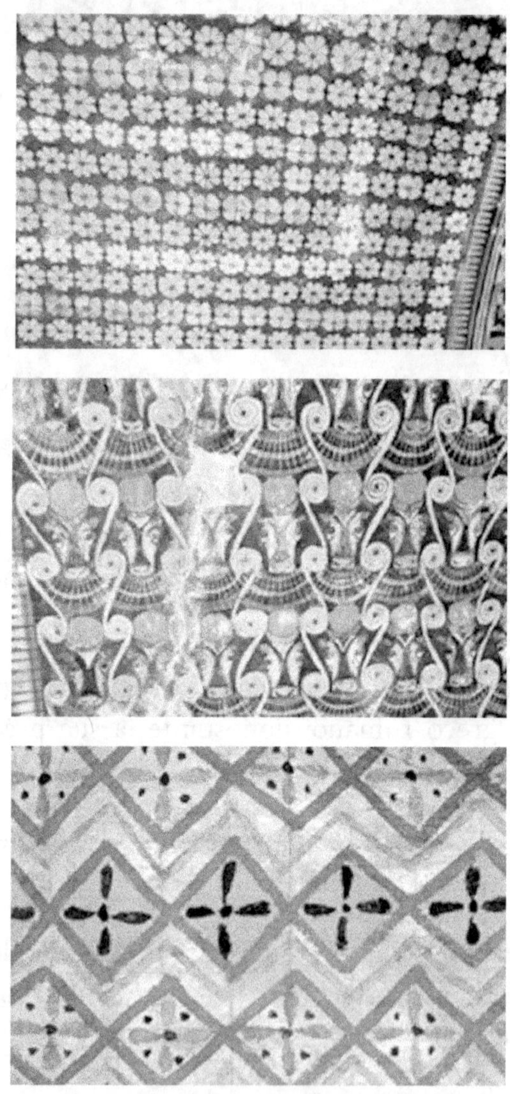

Le **<u>decorazioni figurative</u>** si trovano in moltissimi posti.

L'avvoltoio:

Hathor, la cui testa è sormontata da un sistro:

Il cobra:

<u>Una combinazione di due o di tutte e tre le forme</u> decorative: floreale, geometrica e figurativa.

Gli Egizi non si sono sempre limitati a imitare meramente oggetti naturali per le decorazioni.

I loro soffitti e cornici presentano numerosi ed eleganti accessori di fantasia, tra cui il motivo guilloché (erroneamente chiamato bordo toscano), lo chevron e il motivo a volute.

Si possono vedere questi elementi in una tomba risalente alla VI dinastia; erano quindi conosciuti in Egitto molto tempo prima che venissero adottati dai Greci e dai Romani.

<u>Guilloché</u> – La forma più complessa di guilloché copriva un intero soffitto egiziano più di mille anni prima che fosse rappresentato su quegli oggetti, relativamente recenti, trovati a Ninive.

Anche lo **chevron** è un tipo di ornamento che si trova normalmente nell'Antico Egitto.

Nell'Antico Egitto si trova anche il motivo **a <u>volute</u>.**

<u>Colori</u>

Il colore era una componente essenziale dell'architettura egiziana.

Chiunque comprende l'armonia dei colori ammetterà che gli antichi Egizi capivano perfettamente la loro distribuzione e le loro appropriate combinazioni.

Ma la scelta dei colori – proprio come tutto il resto – riflette la profonda comprensione metafisica degli Egizi del significato e dell'energia di ogni colore, e il fatto che ogni colore deriva da una combinazione di colori primari.

I soffitti dei templi egizi erano dipinti di blu e tempestati di stelle per rappresentare il firmamento (come nelle prime chiese europee); e sulla parte sopra il passaggio centrale (attraverso il quale passavano il re e le processioni religiose) erano rappresentati avvoltoi e altri emblemi; con il globo alato sempre posto sopra le entrate. L'intero edificio, così come le sfingi e altri accessori, era dipinto riccamente.

CAPITOLO 4 : LE PRINCIPALI FORME/ STRUTTURE GEOMETRICHE

4.1 LA GEOMETRIA SACRA DELL'ARCHITETTURA DIVINA

Per gli antichi Egizi, la geometria era molto più di uno studio di punti, linee, superfici e solidi, e delle loro proprietà e misure. Nell'Antico Egitto, l'armonia insita nella geometria era considerata come l'espressione più convincente di un piano divino che sostenta il mondo – un piano metafisico che determina quello fisico.

Per gli antichi Egizi, la geometria era il mezzo che permetteva all'umanità di comprendere i misteri dell'ordine divino. La geometria esiste ovunque in natura: il suo ordine sottende la struttura di tutte le cose, dalle molecole alle galassie. La natura della forma geometrica consente il suo funzionamento. La progettazione che utilizza i principi della geometria sacra deve raggiungere lo stesso obiettivo, cioè la forma per servire/rappresentare una funzione.

Nel 500 p.e.v. Erodoto, il padre della storia e nativo greco, disse:

Passo invece a parlare diffusamente dell'Egitto perché, rispetto a ogni altro paese, è quello che racchiude in sé più meraviglie.

Tutti ammirano le opere dell'Antico Egitto, grandi o piccole, perché sono proporzionalmente armoniose e quindi fanno leva sui nostri sentimenti interiori ed esteriori. Questo concetto di disegno armonico è normalmente noto come geometria sacra – dove tutte le figure possono essere disegnate o create usando una linea retta (nemmeno necessariamente un righello) e un compasso, cioè senza misure (in dipendenza della sola proporzione).

4.2 LA SACRA CORDA EGIZIANA [STRUMENTO]

Poiché la geometria sacra si basa sulla proporzione armonica, la distanza unitaria (lunghezza) può teoricamente essere qualsiasi unità. L'unico strumento necessario è una corda composta da 12 sezioni equidistanti. La distanza unitaria può essere piccola o grande, in modo da adattarsi al progetto richiesto per opere su tele, statue, o nella disposizione degli edifici.

Nell'Antico Egitto, i templi e altri edifici venivano disposti con una cerimonia religiosa. Questa disposizione era eseguita da persone molto esperte che i Greci chiamavano *harpedonaptae*.

Gli harpedonaptae sono coloro che aderiscono rigorosamente ai principi della geometria sacra (usando solo una linea retta e un compasso). La loro corda era (ed è tuttora, in alcune parti dell'attuale Egitto) una fune molto particolare composta da 13 nodi con 12 sezioni di eguale lunghezza pari a un cubito egiziano (0,5236 m).

Qualsiasi corda con 13 nodi equidistanti è lo strumento di base utilizzato per costruire diverse forme geometriche.

4.3 STRUTTURA GENERALE DELLE FORME GEOMETRICHE

I triangoli sono gli elementi base di qualsiasi progetto.

La formazione più semplice è il triangolo equilatero, che si può realizzare con la corda egiziana annodata a 12 intervalli identici e avvolta attorno a tre pioli, in modo da formare tre lati, ciascuno dei quali misura quattro unità.

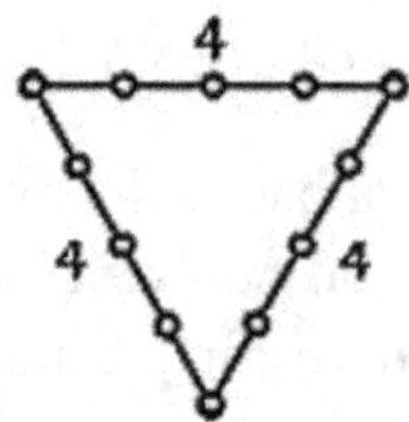

La linea che unisce un vertice al punto medio del lato opposto è la sua perpendicolare.

Tuttavia, l'origine del piano di costruzione storico era la formazione del triangolo 3: 4: 5 con la corda egiziana, avvolta attorno a tre pioli in modo da formare tre lati che misuravano 3, 4 e 5 unità, creando un angolo di 90° tra i lati 3 e 4.

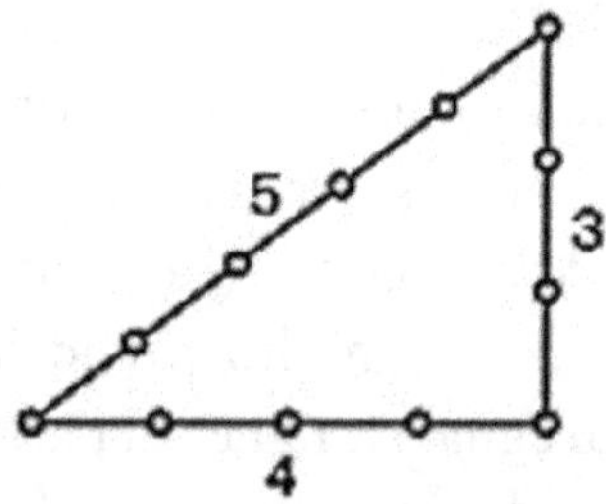

Era un compito relativamente semplice collocare rettangoli e altre figure geometriche più complesse dopo aver definito il triangolo ad angolo retto 3: 4: 5.

Un quadrato EBCF, ad esempio, può essere formato nel seguente modo:

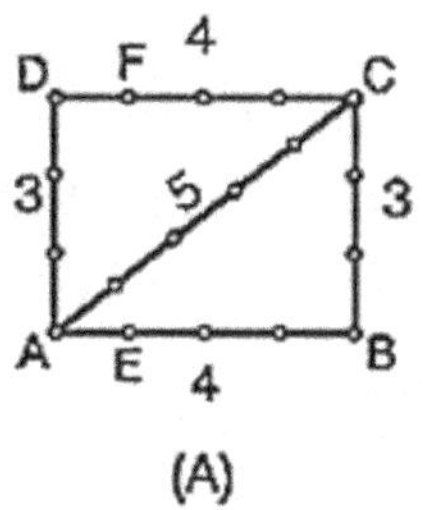 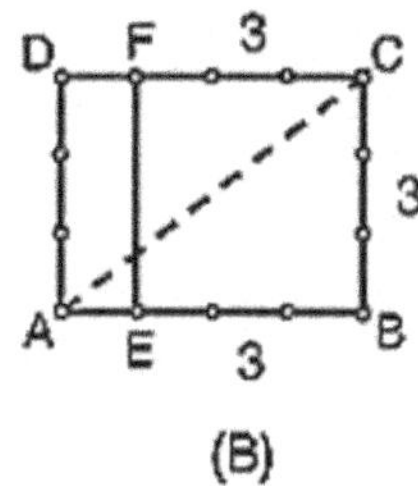

(A)   (B)

(A) Costruendo due triangoli 3: 4: 5 con un diagonale AC comune.

(B) Collegando FE dove FC = EB = 3 unità.

La corda egiziana può essere usata come un compasso per disegnare curve circolari, come dimostrato nella seguente illustrazione.

 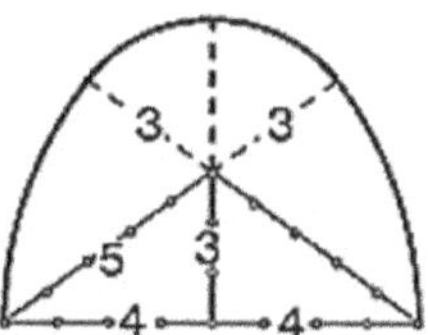

Con la corda egiziana si possono costruire anche altre forme, ad esempio il triangolo di Neb (aureo) 8: 5 o il rettangolo, come mostrato qui di seguito.

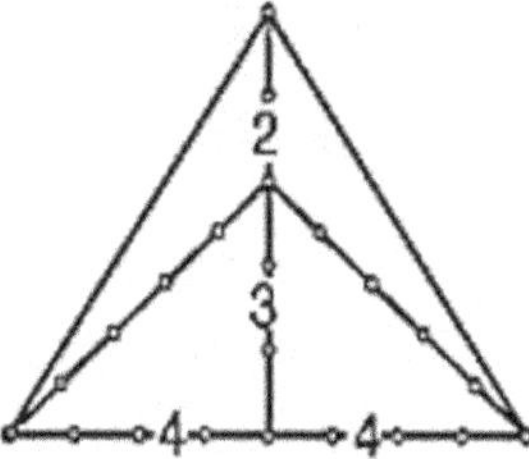 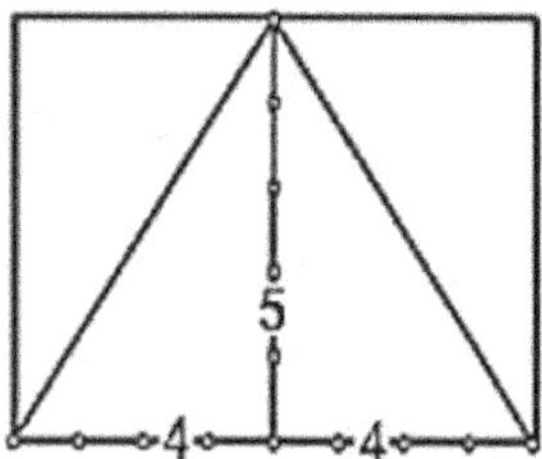

[Per saperne di più sulla formazione di una vasta gamma di figure geometriche si veda *Sacred Geometry and Numerology*, dello stesso autore.]

Il simbolo geroglifico del neter (dio) Ra, la forza creativa cosmica, è il cerchio. Se con la corda formiamo un cerchio, l'archetipo della creazione, scopriamo che il raggio di questo cerchio sacro equivale a 1,91 cubiti. Convertendo questa misura di 1,91 cubiti del raggio nel sistema metrico, otteniamo 1 metro esatto (1,91 x 0,5236). 1 metro = 1/100.000a parte del quarto del meridiano terrestre. In altre parole, questa particolare corda egiziana composta da 13 nodi, così come l'unità di misura egiziana nota come cubito, si basano sulla misurazione della circonferenza della terra.

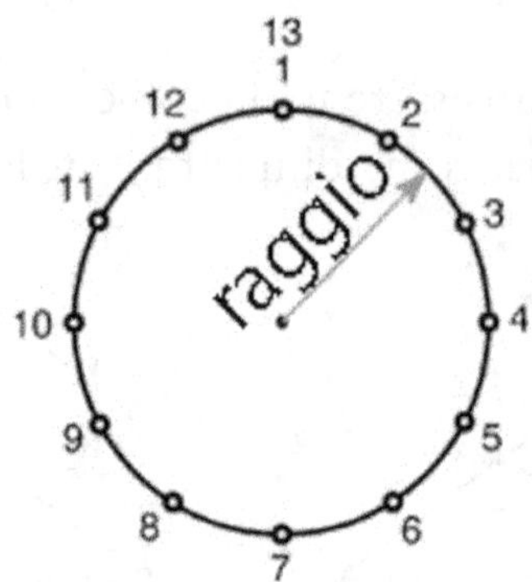

In questo il libro scoprirete che questa corda è l'unico strumento necessario per costruire tutte le forme geometriche sacre, dalla linea retta alla curva e ad altre forme.

4.4 IL CERCHIO SACRO DI RA

La forza creativa cosmica, Ra, si scrive con un cerchio con al centro un punto o un segno circolare. È un cerchio che si muove all'interno di un altro cerchio, unico e solitario. Il cerchio rappresenta simbolicamente l'Assoluto o l'Unità indifferenziata.

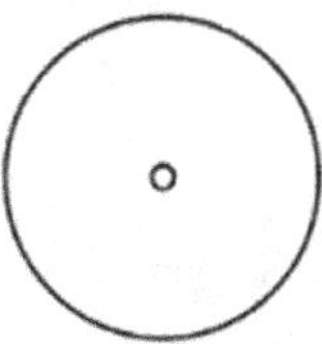

La costante di circonferenza è la rappresentazione della funzione del cerchio. È il rapporto tra la circonferenza del cerchio e il suo diametro. Nel mondo accademico occidentale si indica con la lettera greca *pi* e ha un valore di 3,1415927.

Gli antichi Egizi consideravano la costante di circonferenza e la proporzione di Neb (aurea) non in termini numerici ma come emblemi della funzione creativa o generativa. Non si può ridurre un processo/funzione a un "valore" insignificante e non misurabile, e quindi chiamarlo un "numero irrazionale".

Gli antichi Egizi non erano interessati al "moto numerico" astratto.

Essi sapevano come inscrivere un poligono all'interno di un cerchio, cosa dimostrata senza dubbio dalla loro invenzione di capitelli e fusti di colonne di sezione trasversale poligonale.

Gli Egizi costruivano i capitelli usando 9 elementi e occasionalmente con 7, oltre a poligoni con 6, 8, 11 e 13 lati, perché conoscevano le proprietà del cerchio e la sua relazione con le coordinate perpendicolari e altre figure geometriche. Le opere finali sono una prova sufficiente della loro conoscenza.

Fin dai primi documenti ritrovati si evince che gli Egizi avevano conoscenza delle proprietà del cerchio e di altre curve. Una testimonianza della III dinastia [~ 2630 p.e.v.] spiega la definizione di curva di un tetto, a Saqqara, attraverso un sistema di coordinate.

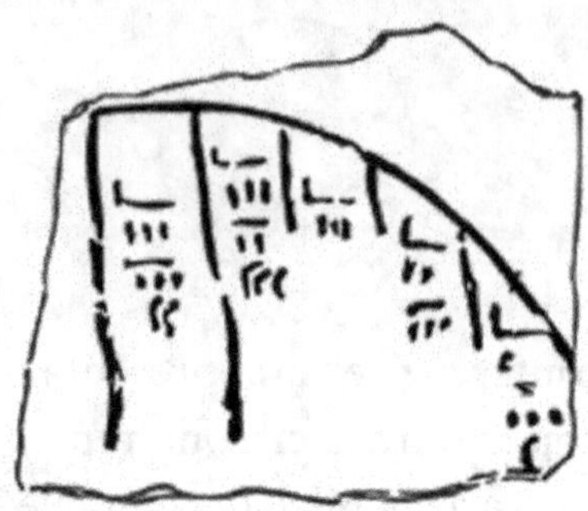

Questo prova che la conoscenza del cerchio consentiva loro di calcolare le coordinate lungo questa curva verticale. Di conseguenza, i lavoratori edili seguivano delle dimensioni precise nell'esecuzione delle curve circolari.

Tale applicazione era nota in Egitto almeno 2.000 anni prima della nascita di Archimede.

4.5 LA QUADRATURA DEL CERCHIO – LA MANIFESTAZIONE DELLA CREAZIONE

Per gli antichi Egizi, la "quadratura del cerchio" rappresentava la realizzazione della creazione – il processo di trasformazione del concetto di creazione nella sua effettiva manifestazione.

Tale trasformazione è evidentemente riflessa in tutti i papiri "matematici" dell'Antico Egitto. In tutti questi papiri, l'area di un cerchio era ottenuta **con la quadratura del cerchio**. Il diametro era sempre di 9 cubiti. I papiri dell'Antico Egitto equiparano il cerchio di 9 cubiti di diametro a un quadrato con i lati di 8 cubiti.

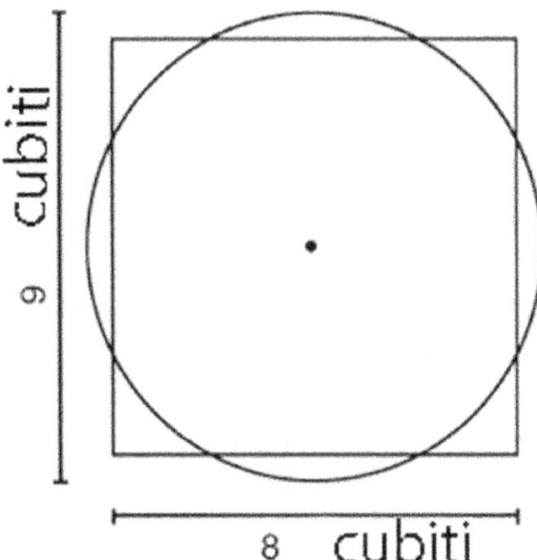

Il numero 9, come il diametro, rappresenta l'Enneade, il gruppo di 9 neteru (dei, dee) che produceva gli ingredienti della creazione. Il 9 rappresenta tutti aspetti di Ra, la primordiale forza creativa cosmica, il cui simbolo è/era il cerchio.

Il numero 8 corrisponde al mondo fisico come lo viviamo. L'8 è il numero di Thot, e a Khmunu (Ermopoli) Thot è noto come il **Signore della Città degli Otto.**

In musica, il rapporto 8: 9 è il Tono Perfetto. Il rapporto 8: 9 è presente nelle opere dell'Antico Egitto, come la proporzione della camera interna del santuario superiore del tempio di Luxor.

I modelli metafisici sottostanti all'universo manifestato sono rappresentati nella relazione della **quadratura del cerchio** (Ra e Thot – concepiti e manifestati).

Thot trasformò il concetto di creazione (simboleggiato da un cerchio) in una realtà fisica e metafisica. Questa trasformazione si riflette nel processo dell'Antico Egitto di "**quadratura del cerchio**".

L'area di un cerchio di 9 cubiti di diametro = 63,61725

L'area del cerchio squadrato con un lato di 8 cubiti = 64

La differenza = 64 – 63,61725 = 0,38

La differenza = 0,6%, che riflette la valutazione degli antichi Egizi di una leggera deviazione nel mondo manifestato rispetto alla perfezione.

Un valido esempio di questa leggera imperfezione è l'orbita della Terra intorno al sole, che segue una forma ellittica e non un cerchio perfetto.

In musica, il rapporto 8: 9 è il Tono Perfetto.

Il rapporto 8: 9 = 2 alla sua 3a potenza: 3 alla sua 2a potenza. Questa è la perfetta relazione tra i reciproci di 2 e 3 alle loro reciproche potenze di 3 e 2. I numeri 2 e 3 sono le due cifre cosmiche primarie, come vedremo nel capitolo 9 di questo libro.

Le pareti del tempio egizio erano decorate con immagini animate, tra cui i geroglifici, per facilitare la comunicazione tra il sopra e il sotto.

Nell'Antico Egitto, la struttura era generalmente un quadrato che rappresentava il mondo manifesto (quadratura del cerchio). Inoltre, la griglia quadrata stessa aveva il significato simbolico del mondo manifesto, che rendeva anche facile costruire i rettangoli di radice di 2, 3 e 5, su/per mezzo di uno sfondo quadrato/i. I vertici dei quadrati e dei rettangoli di radice erano definiti da tacche lungo il perimetro o specificati da linee incise.

4.6 TRIANGOLI

Ecco una panoramica della configurazione geometrica di tre triangoli egizi.

Il triangolo di Thot (Ibis)

Plutarco, nei *Moralia*, Volume V, sull'Antico Egitto, scrisse:

Nell'ibis la distanza fra una zampa e l'altra in relazione al becco forma un triangolo equilatero.

L'ibis è l'uccello sacro a Thot, le cui parole hanno creato il mondo.

Un triangolo equilatero poteva essere tracciato con la corda egiziana annodata composta da 12 intervalli uguali e avvolta attorno a tre pioli, in modo da formare tre lati, ciascuno dei quali misura quattro unità.

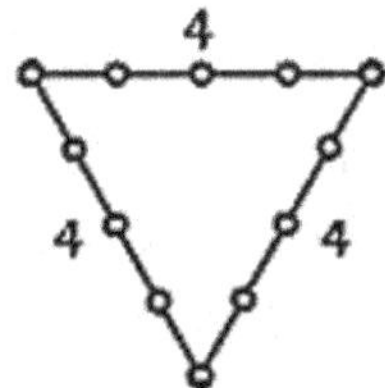

Ogni linea che collega un angolo al centro del lato opposto è la sua perpendicolare. Con la corda egiziana si potevano stabilire tutte le perpendicolari senza alcuna ulteriore misurazione.

Il triangolo di Osiride (Unione)

Il triangolo 3: 4: 5, dove l'altezza sta alla base come 3 sta a 4, fu chiamato da Plutarco triangolo di "Osiride". Questo triangolo era formato con la corda egiziana avvolta attorno a tre pioli, in modo da formare tre lati che misuravano rispettivamente 3, 4 e 5 unità, formando un angolo di 90° tra il lato 3 e 4.

Chiamarlo triangolo di Pitagora è una menzogna storica. Veniva usato nell'Antico Egitto migliaia di anni prima della nascita di Pitagora. Dalla seguente testimonianza di Plutarco risulta molto chiaramente che gli antichi Egizi sapevano che 3: 4: 5 è un triangolo ad angolo retto, poiché il 3 è definito verticale e il 4 è la base, formando un angolo di 90 gradi.

Plutarco parlò del triangolo 3: 4: 5 degli antichi Egizi nel V Volume dei suoi *Moralia*:

Si potrebbe congetturare che gli Egizi abbiano nel più alto onore il più bello dei triangoli, poiché essi gli fanno assomigliare la natura dell'Universo, come Platone, nella Repubblica sembra averne fatto uso nel formulare graficamente il concetto delle nozze.

Questo triangolo ha la sua altezza di tre unità; la sua base di quattro e l'ipotenusa di cinque, la cui potenza è uguale a quella degli altri due lati che lo abbracciano. L'altezza, allora, può essere assomigliata al maschio, la base alla femmina, e l'ipotenusa al figlio di entrambi; e così Osiride può esser riguardato come l'origine, Iside come il ricettacolo, Horos come il risultato perfetto. In realtà tre è il primo numero impari e perfetto; il quattro è un quadrato la cui base è il primo pari, due; il cinque è in qualche modo simile al padre e in qualche modo simile alla madre, composto com'è dal tre e dal due; di più 'panta' (tutte le cose) è derivato da 'pente' (cinque); ed essi esprimono il 'calcolare' attraverso il 'contare per cinque elevato al quadrato".

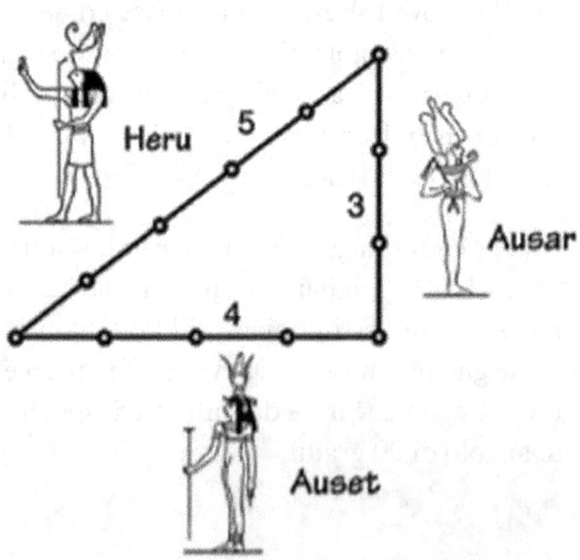

Il triangolo Neb (aureo)

Il triangolo Neb (aureo), comunemente noto come triangolo isoscele 5: 8, è di gran lunga il più usato nei diagrammi costruttivi
e armonici dell'architettura e dell'arte egiziana, e Viollet-le-Duc
non lo definì **triangolo egiziano** per sfizio.

 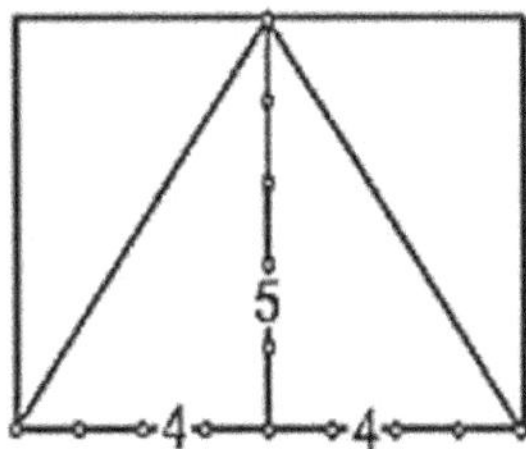

Sono stati ritrovati molti amuleti egiziani che rappresentano la
livella del muratore, e che oggi sono disseminati in tutti i musei
del mondo (Torino, Louvre ecc.). Il triangolo Neb (aureo) rappresenta la percentuale più elevata di queste forme, che includevano
anche il triangolo rettangolo 3: 4: 5 e il triangolo equilatero.

4.7 LE PIRAMIDI 3-D CHE ASSOCIANO TRIANGOLI E RETTANGOLI

La forma della piramide è costituita da una base quadrata e un
volume triangolare.

Per informazioni dettagliate sulle configurazioni e sui progetti della geometria sacra associati alle piramidi egizie in muratura, si veda *Alla riscoperta delle piramidi egizie* di Moustafa Gadalla.

CAPITOLO 5 : I RETTANGOLI GENERATORI DI RADICE QUADRATA

5.1 IL RETTANGOLO DI RADICE – DAL CERCHIO AL QUADRATO AI RETTANGOLI

Il ruolo di una radice in una pianta ha esattamente la stessa funzione/ruolo della radice in geometria. La radice di una pianta assimila, genera e trasforma energie per il resto della pianta.

Allo stesso modo, la radice geometrica è un'espressione archetipica della funzione e del processo assimilativo, generativo e trasformativo, mentre i numeri interi fissi sono le strutture che emergono per costruire su questi principi del processo.

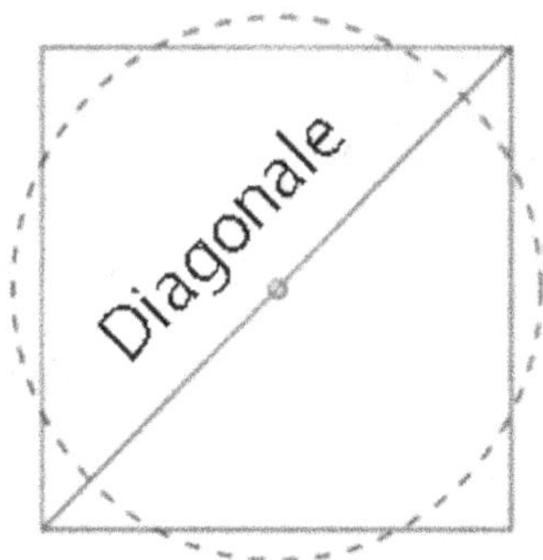

Come affermato in precedenza, il concetto di creazione si manifestava nell'atto della quadratura del cerchio sacro di Ra. Il quadrato è la forma geometrica di base da cui possono essere generati tutti i rettangoli di radice.

Le diagonali servono da generatori di rettangoli di radice. Iniziando da un quadrato il cui lato è uno, la diagonale è $\sqrt{2}$. Dalla radice quadrata di due si generano direttamente altri rettangoli di radice usando semplicemente il compasso, cioè applicando la geometria sacra – produrre senza misurare – mediante l'utilizzo di quadrati e rettangoli e delle loro diagonali.

Gli antichi Egizi erano in grado di ottenere rettangoli di radice in vari modi senza misurazioni, come:

- Partire da un quadrato il cui lato è l'unità.

- Il rettangolo $\sqrt{2}$ viene costruito a partire dal quadrato, si punta il compasso con apertura sino al vertice della diagonale e si crea la linea di base per incontrarla. La lunghezza del lato lungo è quindi pari alla radice quadrata di 2, prendendo il lato corto come unità.

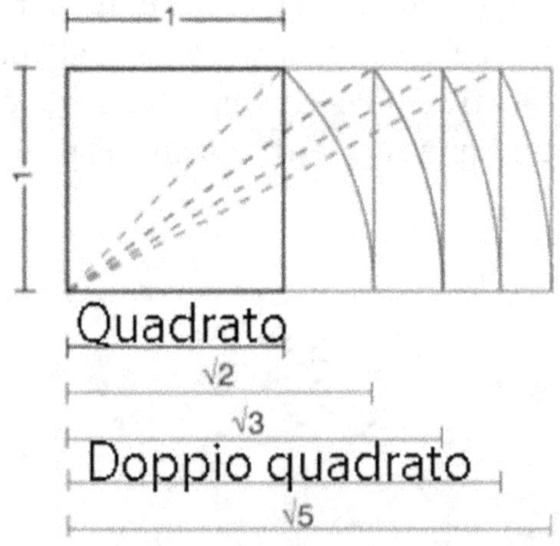

- Il rettangolo $\sqrt{3}$ è prodotto dalla diagonale del rettangolo $\sqrt{2}$.

- Il rettangolo $\sqrt{4}$ (doppio quadrato) è prodotto dalla diagonale del rettangolo $\sqrt{3}$.

- Il rettangolo √5 è prodotto dal rettangolo doppio quadrato.

La progettazione basata sui rettangoli di radice è chiamata progettazione dinamica generativa, praticata soltanto dagli Egizi. Gli oggetti e gli edifici sacri degli Egizi possiedono delle geometrie che si basano sulla divisione dello spazio ottenuto con i rettangoli di radice e i loro derivati, quali la proporzione di Neb (aurea), come vedremo in questo libro.

5.2 I SOLIDI COSMICI

Dalle radici di due, tre e cinque, si possono derivare tutte le proporzioni e le relazioni armoniche. L'interazione tra queste proporzioni e relazioni definisce le forme di tutta la materia, organica e inorganica, e di tutti i processi e le sequenze di crescita.

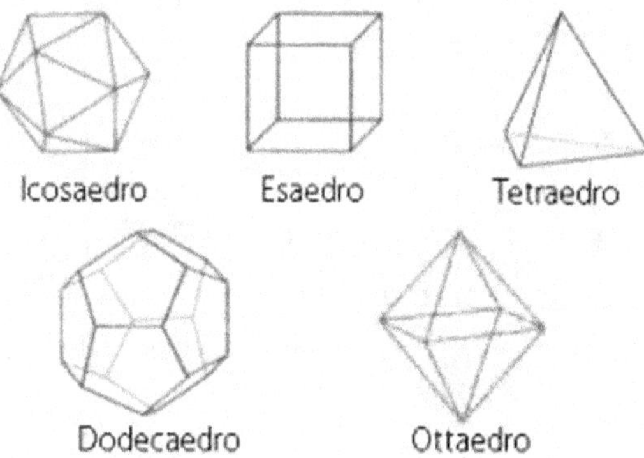

Le tre radici sacre sono tutto ciò che è necessario per formare i cinque solidi cosmici [sopra rappresentanti], che sono la base di tutte le forme volumetriche (dove tutti i bordi e gli angoli interni sono uguali). La manifestazione di questi cinque volumi è generata dall'Enneade egiziana.

5.3 IL RETTANGOLO GENERATORE 1: 2 – IL DOPPIO QUADRATO

Come affermato in precedenza, nell'Antico Egitto il cerchio è l'archetipo della creazione. Dividendo il cerchio per il suo diametro si ottiene il rapporto 1: 2, pari all'ottava musicale. Il mondo manifestato da questa divisione è simboleggiato dai due quadrati uguali inscritti nel cerchio, che rappresentano l'equilibrio tra il mondo fisico e metafisico [vedi diagramma sottostante].

Il profilo geometrico 1: 2 dei quadrati gemelli rappresenta il diapason, l'ottava. L'ottava rappresenta il rinnovamento o l'autoriproduzione.

Nella progettazione architettonica egiziana, il rettangolo doppio quadrato con rapporto 1: 2 assunse una grande importanza negli elementi o nella struttura generale del piano. Tali contorni rappresentavano l'ottava e servivano come luogo di rinnovamento per il benessere fisico e metafisico del faraone.

Una delle prime prove di questi complessi rettangolari 1: 2 è il complesso di Djoser (2630-2611 p.e.v.) a Saqqara. Questo vasto santuario ha la forma di un doppio quadrato (1.000 x 500 cubiti), le cui pareti sono orientate esattamente lungo i punti cardinali. Comprende la piramide a gradoni, diversi edifici, colonnati e templi.

Era un sito molto attivo per tutti i faraoni successivi. La funzione principale del santuario di Djoser era di servire come luogo per Heb-Sed.

Heb-Sed era la festa più importante dal punto di vista della regalità. Essendo il re egiziano uno strumento divino, egli non poteva regnare (o non ne era nemmeno capace) a meno che non fosse in buona salute. La festa Heb-Sed rappresentava il rinnovamento della forza vitale del re.

Questo vasto santuario rappresentò il modello per i luoghi sacri successivi, in Egitto e altrove, come:

- La sala delle feste (Akh-Menu) di Thutmose III nel tempio di Karnak veniva anche usata per la festa Heb-Sed. Anch'essa presenta i contorni di un doppio quadrato.
- Sul piano verticale, anche le porte dei templi dell'Antico Egitto avevano un rapporto 1: 2.

La proporzione di Neb (aurea) si ottiene dalla diagonale di un rettangolo con lati di rapporto 1: 2 – la diagonale radice di cinque. [Maggiori dettagli più avanti in questo libro.]

5.4 LA CREAZIONE DI RETTANGOLI DI RADICE A PARTIRE DA UN DOPPIO QUADRATO

Da un doppio quadrato si possono anche ottenere tutte e tre le radici quadrate sacre, come vediamo di seguito.

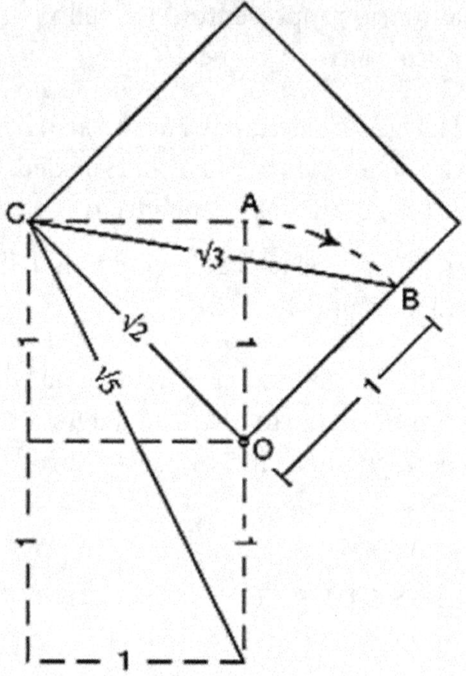

√2 è la diagonale di un quadrato.

√3 si ottiene dal quadrato √2 puntando in O e disegnando un arco con un raggio = il lato del quadrato originale (OA), nel punto A, per incontrare il lato del quadrato √2 in B. Nel triangolo ad angolo retto COB, l'ipotenusa CB = la radice quadrata di $[(\sqrt{2})^2 + (1)^2] = [\sqrt{(2 + 1)}] = \sqrt{3}$.

√5 è la diagonale di un doppio quadrato.

• • •

• Si poteva ottenere un doppio quadrato [rettangolo con rapporto 1: 2] intersecando due cerchi la cui circonferenza passa al centro dell'altro cerchio.

• Le tre radici quadrate sacre sono illustrate di seguito:

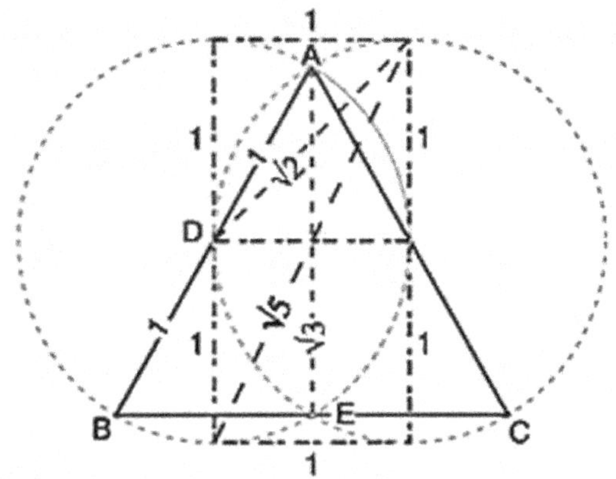

Nel triangolo equilatero rosso ABC, la linea perpendicolare AE = √3, poiché la base = 1 e l'ipotenusa = 2. Pertanto, si potrebbe disegnare un esagono usando AD e DE come due lati dell'esagono che può essere disegnato sul cerchio di destra. Due dei restanti quattro lati possono essere disegnati da A ed E con un arco = AD = ED, fino ai punti C e F.

Dal punto F come centro, disegnate un arco della stessa lunghezza del lato dell'esagono, in modo da intersecare il cerchio nel punto G – il sesto punto dell'esagono.

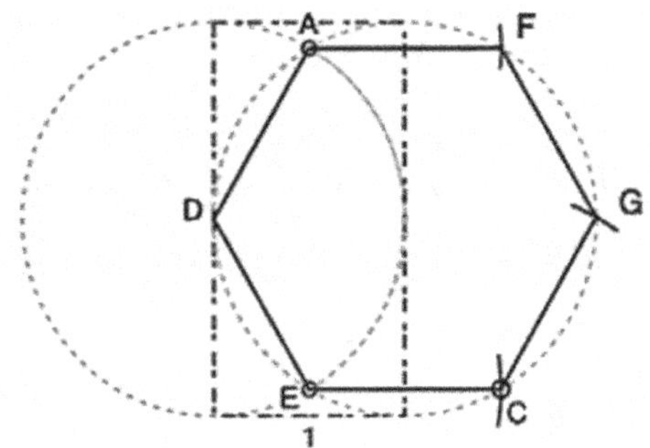

5.5 IL RETTANGOLO RADICE DI CINQUE E LA PROPORZIONE AUREA

Il rettangolo √5 si ottiene dal doppio quadrato. La diagonale del rettangolo con rapporto 1: 2 è √5.

Per trovare la relazione tra il rettangolo radice di cinque e la proporzione aurea (N), iniziate da un quadrato di base (l'universo manifestato), come il DAIJ.

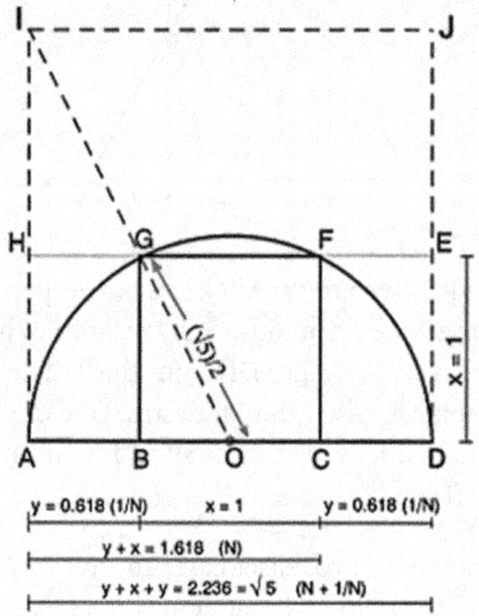

- Trovate il punto medio (O) tra A e D.

- Disegnate un semicerchio, a partire dal centro O, di raggio OA.

- Dal punto di intersezione G, costruite il quadrato GBCF.

- Allungate GF fino a H ed E. Il rettangolo ADEH è un rettangolo radice cinque che contiene due combinazioni:

    1. Due rettangoli di Neb (aurei) reciproci: ACFH (1 x 1,618) e CDEF (1 x 0,618).

    2. Un quadrato (BCFG) più due rettangoli di Neb (aurei) laterali ABGH e CDEF, ciascuno con proporzione 1: 0,618 (che è uguale a 1,618, la proporzione aurea).

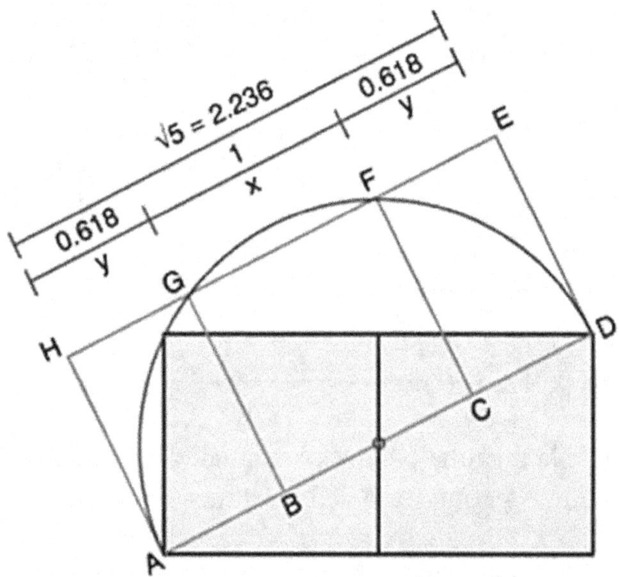

• • •Il quadrato inscritto nella metà superiore del cerchio rappresenta la manifestazione fisica del mondo. Le proporzioni risultanti erano parti essenziali della progettazione nell'Antico Egitto, come verrà dimostrato in questo testo.

• • •

Per quanto riguarda la relazione tra la radice quadrata di 5 e il pentagono a cinque lati, si veda *Sacred Geometry and Numerology* di Moustafa Gadalla.

5.6 PROPORZIONARE UNA LINEA SECONDO LA PROPORZIONE AUREA

Per proporzionare una linea (ad esempio AB) secondo la proporzione di Neb (aurea), disegnate BC = 1/2 di AB e perpendicolare a essa.

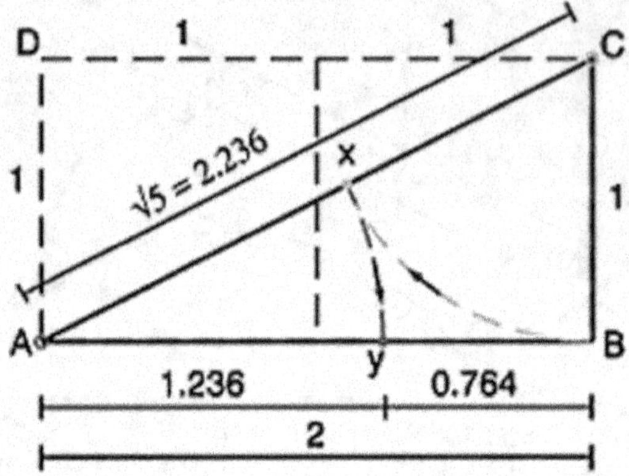

- Disegnate la diagonale AC, che è uguale alla radice quadrata della somma del quadrato della distanza BC e AB:

$$\sqrt{[(BC)^2 + (AB)^2]} = \sqrt{(1+4)} = \sqrt{5}$$

- Puntate nel vertice C e fate un arco = CB, trovando il punto xIl segmento Cx = 1Pertanto Ax = (2,236 − 1) = 1,236

- Puntate il compasso in A e, con un raggio Ax, tracciate un arco fino a y.Ay = Ax = 1,236yB = (AB − Ay) = (2 − 1,236) = 0,764Il rapporto 1,236/0,764 = 1,618 = La sezione/proporzione di Neb (aurea).

Questa proporzione spiega la relazione univocamente reciproca tra due parti disuguali di un tutto, in cui la parte piccola e la grande hanno lo stesso rapporto della parte grande con il tutto. Questa è la formula della sezione/proporzione di Neb (aurea).

Le due parti della sezione aurea sono spesso definite rispettivamente come minore e maggiore.

5.7 NEB: IL SEGMENTO AUREO

Neb è un termine dell'Antico Egitto che significa oro (tradizionalmente il prodotto finale perfetto, obiettivo dell'alchimista), Signore, maestro.

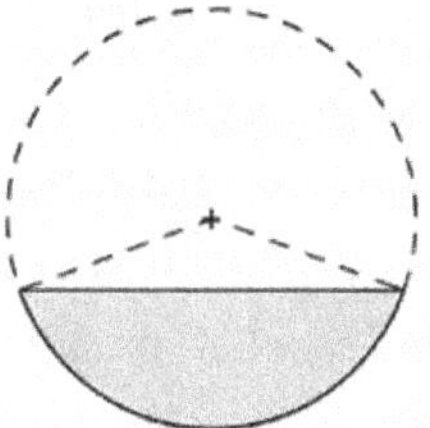

The hieroglyph denoting Neb is a segment of a circle, whose central angle is 140°. The ratio of this angle to the whole circle (length of arc to whole circumference) = 0.3889, which constitutes the second power of 0.625. The second power spiritually constitutes reaching to a higher level. Neb means exactly that.

Il geroglifico che indica Neb è il segmento di un cerchio, il cui angolo centrale è di 140 gradi. Il rapporto tra questo angolo e l'intero cerchio (lunghezza dell'arco per la circonferenza completa) = 0,3889, che costituisce la seconda potenza di 0,625. La seconda potenza costituisce spiritualmente il raggiungimento di un livello superiore. Neb significa proprio questo.

5.8 SPIRALI [QUADRATI CHE RUOTANO]

In natura la spirale è il risultato di una continua crescita proporzionale. In matematica, questo tipo di spirale è noto come angolo costante o spirale logaritmica. L'espansione logaritmica è la base della geometria delle spirali. Il feto dell'uomo e degli animali, che sono la manifestazione delle leggi della generazione, hanno la forma di spirale logaritmica. Le manifestazioni di spirali sono evidenti nella crescita dei vegetali e delle conchiglie, le ragnatele, le corna del montone, la traiettoria di molte particelle subatomiche, la forza nucleare degli atomi, la doppia elica del DNA e in particolar modo in molte galassie. Anche gli schemi del regno mentale sono generati da movimenti a spirale.

La spirale logaritmica è il prodotto dell'effetto combinato dell'addizione e della moltiplicazione, che è un'aggiunta progressiva, proprio come la sequenza numerica (Fibonacci) 2, 3, 5, 8, 13, 21, 34… Come verrà spiegato di seguito, la progressione della curva a spirale mantiene lo stesso rapporto/ritmo proporzionale della proporzione di Neb (aurea). I lati di ciascun rettangolo aureo mantengono il rapporto tra i lati di ciascun rettangolo aggiunto al rapporto costante della proporzione di Neb (aurea) (più le cose cambiano, più restano le stesse).

Le spirali logaritmiche sono caratterizzate dalle proprietà della sezione aurea. Una spirale logaritmica è formata da un'aggiunta progressiva, per mezzo di "quadrati rotanti", formati da quadrati e rettangoli di Neb (aurei) che crescono con una progressione armonica dal centro A verso l'esterno. Ogni stadio di crescita consecutivo è racchiuso in un rettangolo di Neb (aureo) che è più grande di un quadrato rispetto al precedente. In altre parole, la progressione della proporzione di Neb (aurea) produce i quadrati rotanti.

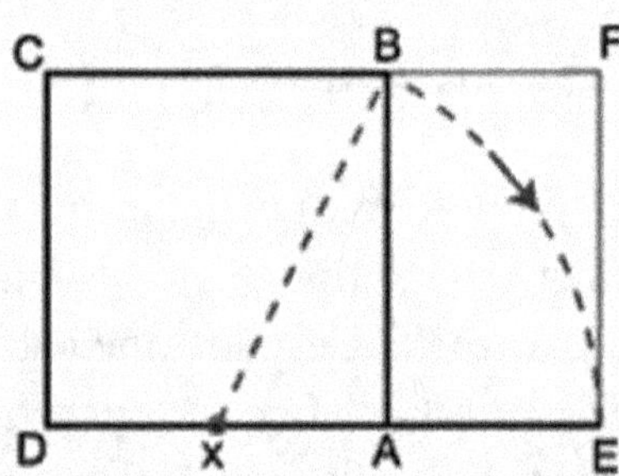

Iniziamo con un quadrato ABCD. Quindi aggiungiamo il rettangolo di Neb (aureo) EFBA, come sopra indicato.

- Trovate il punto centrale di DA (ad esempio il punto x).

- Puntate in x e tracciate un arco di raggio xB fino al punto E.

- Si forma il rettangolo di Neb (aureo) EFBA.

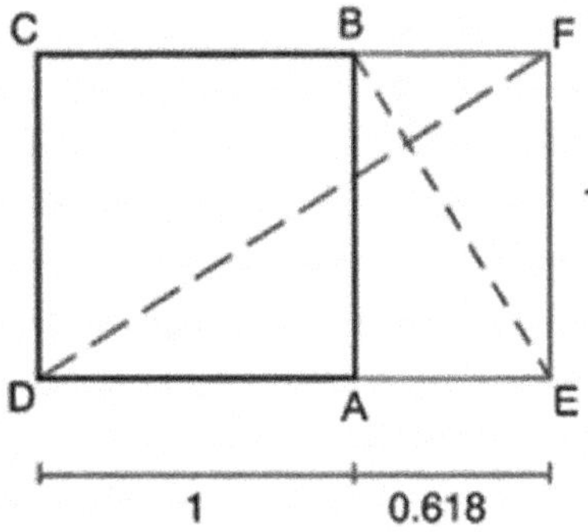

Occorre notare come le due diagonali (DF e BE) siano sempre perpendicolari tra i rettangoli Neb (aurei) più piccolo e più grande. È per questo motivo che la spirale è chiamata spirale ad angolo retto. Va ricordato che il rapporto tra i due lati (qui EF e DE) corrisponde alla proporzione aurea (1,618).

Continuate lo stesso processo, come indicato di seguito.

quadrati	+ rettangoli di Neb (aurei)	= rettangoli di Neb (aurei)
A B C D	+ E F B A	= E F C D
H E D G	+ E F C D	= H F C G
I J F H	+ H F C G	= I J C G
J K L C	+ I J C G	= I K L G etc.

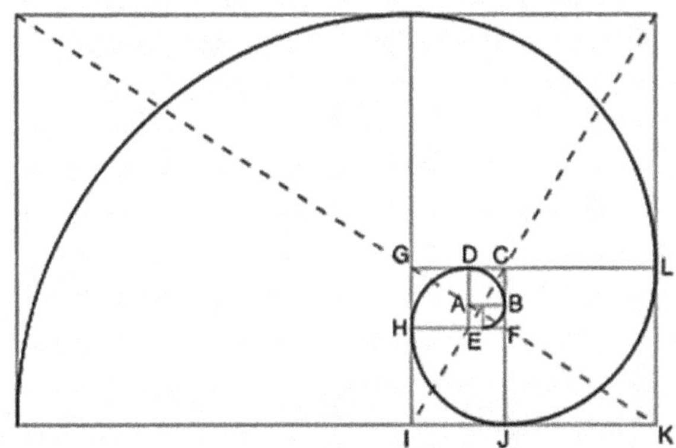

Una spirale logaritmica stabilita da "quadrati che ruotano"

Poiché le spirali logaritmiche seguono lo stesso processo della sequenza numerica, esse sono di conseguenza caratterizzate dalla proporzione di Neb (aurea). Le due diagonali tratteggiate (come tutte le diagonali del rettangolo composto di Neb) rispettano il rapporto di Neb (aureo) tra loro (1,618).

$$\bullet\ \bullet\ \bullet$$

Le spirali logaritmiche possono essere costruite anche con triangoli che ruotano, usando un triangolo isoscele il cui angolo superiore è di 36°, cioè dividendo il cerchio in 10 parti.

5.9 APPLICAZIONI DI UN PROGETTO DINAMICO

Le pareti del tempio egizio erano decorate con immagini animate, tra cui i geroglifici, per facilitare la comunicazione tra il sopra e il sotto.

Nell'Antico Egitto, **la struttura era generalmente un quadrato,** che rappresentava il mondo manifestato **(quadratura del cerchio).** Inoltre, la griglia quadrata stessa aveva il significato simbolico del mondo manifestato, che rendeva anche facile costruire i rettangoli di radice di 2, 3 e 5 sopra/per mezzo di uno sfondo quadrato. I vertici dei quadrati e dei rettangoli di radice erano definiti da tacche lungo il perimetro, oppure attentamente definiti con linee incise.

Di seguito sono riportati alcuni esempi di struttura di progettazione dinamica generativa:

i. Un tema semplice nella radice quadrata di 2 ($\sqrt{2}$) è esposto nella figura sottostante della netert (dea) Nut, la personificazione del cielo come matrice di tutto.

Gli spazi tra le barre su entrambi i lati della figura erano riempiti di geroglifici [qui rimossi per mostrare i contorni geometrici].

— ABCD è un quadrato.

— La diagonale BD = √2

— Il punto E è stato determinato in modo che BE = BD = √2

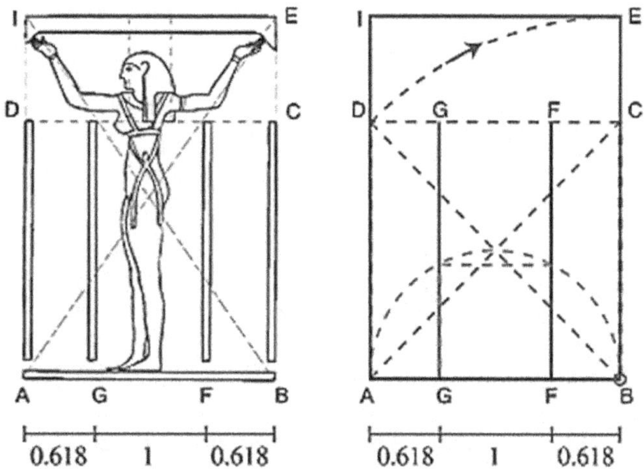

— I segmenti GG e FF sono stati stabiliti in base al principio di inscrivere un quadrato in un semicerchio. [Si veda lo schema simile nella prossima sezione, ii.]

— Il centro d'azione è l'anca di Nut.

· · ·

ii. Qui abbiamo un quadrato definito da barre incise nella pietra nella parte superiore e inferiore della composizione. L'area è divisa in modo dinamico, adatta a un'opera figurativa. Di seguito viene illustrato il progetto di questa configurazione.

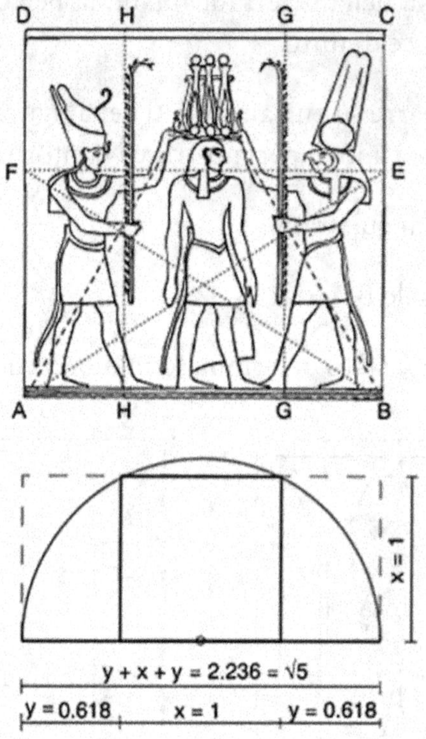

– ABCD è un quadrato.

– Al centro di un quadrato viene usato un rettangolo radice di cinque per determinare le linee verticali GG e HH.

– La linea orizzontale EF forma un rettangolo ABEF 5: 8.

• • •

iii. Il bassorilievo egiziano [in basso] mostra che il suo progettista proporzionò l'immagine, così come i gruppi di geroglifici, applicando a un quadrato dei rettangoli equiangoli rotanti. I margini del quadrato più grande sono accuratamente incisi nella pietra con quattro barre, due delle quali dotate di sporgenze leggermente appuntite su entrambe le estremità.

Di seguito sono riportati alcuni punti salienti del progetto:

– ABCD è un quadrato.

– Al centro di un quadrato viene usato un rettangolo radice di cinque per determinare le linee verticali nei punti G e H.

– Il segmento orizzontale EF forma un rettangolo ABEF 5: 8.

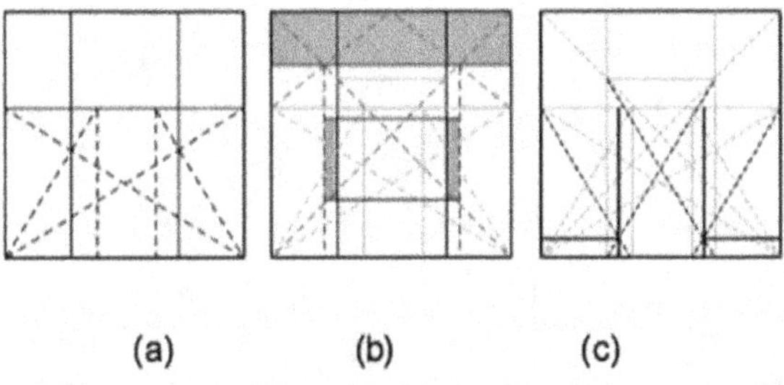

– Il piano generale di costruzione era quello della figura (a) dell'immagine soprastante.

– Nella figura (b) soprastante si nota lo spazio per l'insieme di geroglifici.

– Nella figura (c) soprastante si nota lo spazio per gli elementi aggiuntivi del disegno.

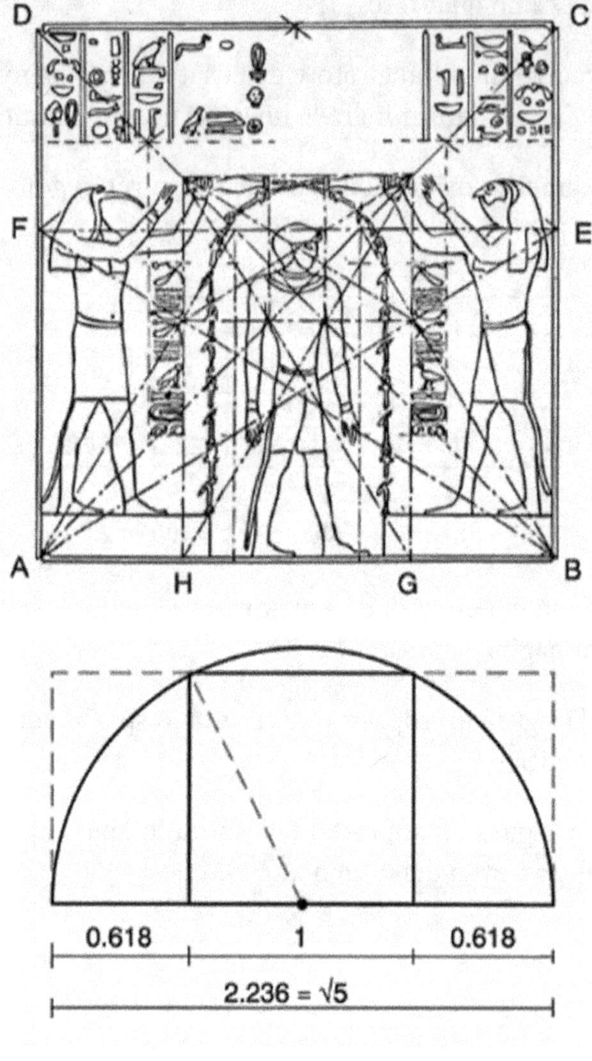

• • •

iv. Rettangoli generativi nel pilone di Karnak

È interessante notare l'importanza dei rettangoli con proporzioni diverse che si trovano sul pilone del tempio di Khonsu, nel
complesso templare di Karnak.

Su questo pilone ci sono il falco, l'avvoltoio e l'ibis, ciascuno su un rettangolo di proporzioni diverse.

- Il falco di Horus si trova su un rettangolo con rapporto 1: 2, che rappresenta l'ottava: un'autoriproduzione.

- L'avvoltoio rappresenta Mut, il potere assimilativo. Pertanto, il rapporto tra i lati del rettangolo è la radice quadrata della proporzione di Neb (aurea). Le radici sono simboli di processi puramente archetipici, assimilativi, generatori e trasformativi.

- L'ibis, simbolo di Thot, si trova su un rettangolo di Neb (aureo) 5: 8.

• • •

v. Un tipico ingresso di un tempio egizio:

La tipica struttura di una porta d'ingresso dell'Antico Egitto comprendeva entrambi i rapporti sacri (pi e phi), come mostrato e spiegato di seguito.

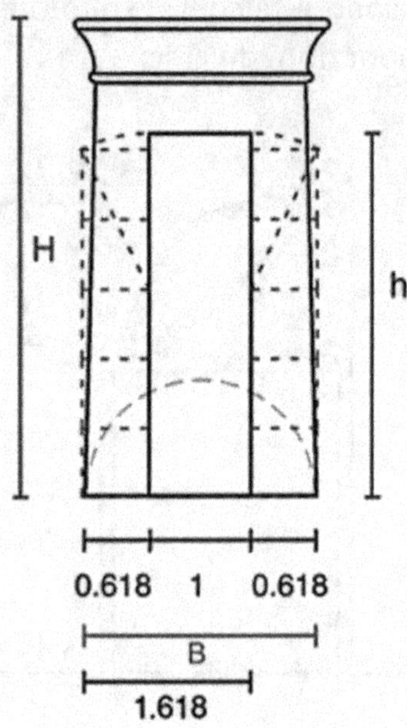

1. Il contorno generale nel piano verticale è il doppio quadrato con rapporto 1: 2. [H = 2B]

2. La larghezza dell'apertura si basa su un quadrato inscritto in un semicerchio, il tipico modo che gli antichi Egizi avevano di stabilire le proporzioni dei rettangoli di radice. Pertanto, lo spessore dello stipite è 0,618 volte la larghezza dell'apertura.

3. L'altezza (h) dell'apertura = 3,1415 = pi

L'integrazione di entrambi i rapporti sacri [pi e phi] in una singola unità si trova in altre opere dell'Antico Egitto, come la Grande Piramide di Giza. [Per maggiori dettagli, si veda *Alla riscoperta delle piramidi egizie* o l'edizione precedente *Pyramid Handbook*, entrambi di Moustafa Gadalla].

· · ·

vi. Esempi di rettangoli di radice nel santuario del tempio di Luxor.

Il triplice santuario all'estremità meridionale del tempio rappresenta la Triplice Parola, il tre in uno. I santuari separati sono descrizioni simboliche dei tre aspetti dell'unico potere creativo.

La camera centrale ha le proporzioni esatte di 8: 9, cioè il rapporto della prima nota musicale dell'ottava. Il santuario "si sviluppa" quindi alternando numeri interi e radici, esprimendo geometricamente il principio cosmico di base della generazione. La radice genera il quadrato la cui diagonale è a sua volta la radice irrazionale che genera il quadrato successivo.

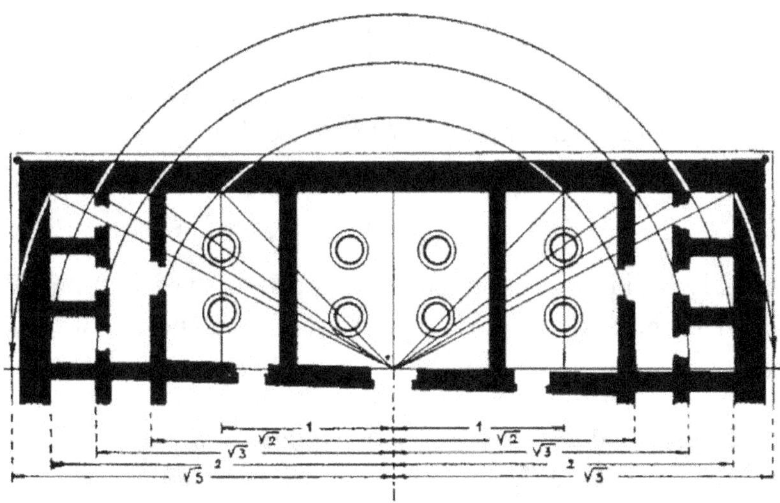

Si tratta di un'espressione geometrica del modo in cui la creazione si manifesta e cresce. Il tempio è pertanto una ricreazione artificiale nella pietra delle leggi metafisiche e cosmiche della genesi. Il tempio si espande come l'universo.

• • •

È possibile trovare altri esempi di applicazioni di progettazione dinamica nelle costruzioni dell'Antico Egitto nel capitolo 8 di questo libro.

CAPITOLO 6 : LA PROGRESSIONE ARITMETICA GENERATIVA

6.1 LA MISTICA DEI NUMERI

Nel mondo animato dell'Antico Egitto, i numeri non designavano semplicemente delle quantità, ma venivano invece considerati definizioni concrete dei principi formativi ed energetici della natura.

Per gli Egizi, i numeri non erano solo pari e dispari. I numeri animati nell'Antico Egitto furono citati da Plutarco nel V Volume dei *Moralia*, che così descrisse il triangolo 3:4:5:

> *L'altezza, allora, può essere assomigliata al maschio, la base alla femmina, e l'ipotenusa al figlio di entrambi; e così Osiride può esser riguardato come l'origine, Iside come il ricettacolo, Horos come il risultato perfetto.*

La vitalità e le interazioni tra questi numeri mostrano come essi siano maschio e femmina, attivo e passivo, verticale e orizzontale ecc.

Tutti gli elementi figurativi nell'arte e negli edifici egiziani (dimensioni, proporzioni, numeri ecc.) si basavano sul simbolismo egiziano dei numeri.

[Per maggiori informazioni sulla mistica dei numeri si legga *Cosmologia egizia: l'universo animato*, di Moustafa Gadalla.]

6.2 I NUMERI GENERATIVI

Per gli antichi Egizi, i due numeri fondamentali nell'universo sono il 2 e il 3. Tutti i fenomeni, senza eccezione, sono polari per natura e tripli per principio. Pertanto, i numeri 2 e 3 sono gli unici numeri primi, da cui derivano gli altri numeri.

Il due simboleggia il potere della molteplicità, il ricettacolo femminile e mutevole, mentre il tre simboleggia il maschio. Questa era la musica delle sfere – le armonie universali che risuonano tra i due simboli primari maschile e femminile di Iside e Osiride, il cui matrimonio divino generò il bambino Horus. Plutarco confermò tale saggezza egiziana nel V Volume dei *Moralia*:

> *Tre (Osiride) è il numero impari e perfetto; il quattro è un quadrato la cui base è il primo pari, due (Iside); il cinque (Horus) è in qualche modo simile al padre e in qualche modo simile alla madre, composto com'è dal tre e dal due...*

Il significato dei due numeri primi 2 e 3 (come rappresentato da Iside e Osiride) è stato chiaramente indicato da Diodoro Siculo [*Libro* I, 11.5]

> *Questi due Neteru (dei) governano l'universo mondo, nutrendo, ed aumentando tutte le cose...*

6.3 PROGRESSIONE DI CRESCITA E PROPORZIONE

La sequenza della creazione numerica di Iside, seguita da Osiride, seguita da Horus è 2, 3, 5...

Si tratta di una serie progressiva, in cui si inizia con i due numeri primi nel sistema dell'Antico Egitto, vale a dire 2 e 3. Poi si aggiunge il loro totale al numero precedente, e così via: ogni cifra è la somma delle due precedenti. La serie sarebbe quindi:

    2
    3
    5 (3 + 2)
    8 (5 + 3)
    13 (8 + 5)
    21 (13 + 8)
    34 (21 + 13)
    55 (34 + 21)
    89, 144, 233, 377, 610, . . .

La successione ricorrente si ritrova in tutti gli aspetti della natura. Il numero dei semi in un girasole, i petali di un qualsiasi fiore, la disposizione delle pigne, lo sviluppo della conchiglia del nautilo e così via, seguono tutti lo schema di queste serie.

Dato che questa sequenza esisteva prima di Fibonacci (nato nel 1179 e.v.), non dovrebbe portare il suo nome. Fibonacci stesso e i suoi rappresentanti occidentali non hanno mai affermato che fosse una sua "invenzione". Chiamiamola per quello che è: successione ricorrente.

La successione ricorrente si adatta perfettamente alla (e può essere considerata un'espressione della) matematica egiziana, che è stata definita da tutti come una procedura essenzialmente additiva. Questo processo aggiuntivo è evidente nella loro riduzione della moltiplicazione e della divisione a un identico processo: scomponendo multipli più alti in una somma di duplicazioni consecutive. Ciò implica un processo di raddoppio e addizione. Questo raddoppio progressivo si presta al calcolo rapido. È significativo che i metodi usati dalle calcolatrici e dai computer moderni siano strettamente correlati al metodo egiziano.

Prove schiaccianti indicano che gli antichi Egizi conoscevano la successione ricorrente. Le planimetrie dei templi e delle tombe dell'Antico Egitto, durante tutta la sua storia, mostrano lungo gli assi longitudinali (e trasversalmente) delle dimensioni in cubiti (un cubito = 0,523 metri) che forniscono in termini chiari e consecutivi la successione ricorrente: 2, 3, 5, 8, 13, 21, 55, 89, 144, 233, 377, 610...

Esistono prove della conoscenza della successione ricorrente sin dalla piramide (erroneamente nota come tempio funebre) del Tempio di Khafra/Chefren a Giza, costruita nel 2500 p.e.v., cioè circa 3.700 anni prima di Fibonacci.

I punti essenziali del tempio [mostrati di seguito] sono conformi alla successione ricorrente, che raggiunge la cifra di 233 cubiti di lunghezza totale, misurati dalla piramide, con una serie completa di DIECI numeri consecutivi della serie.

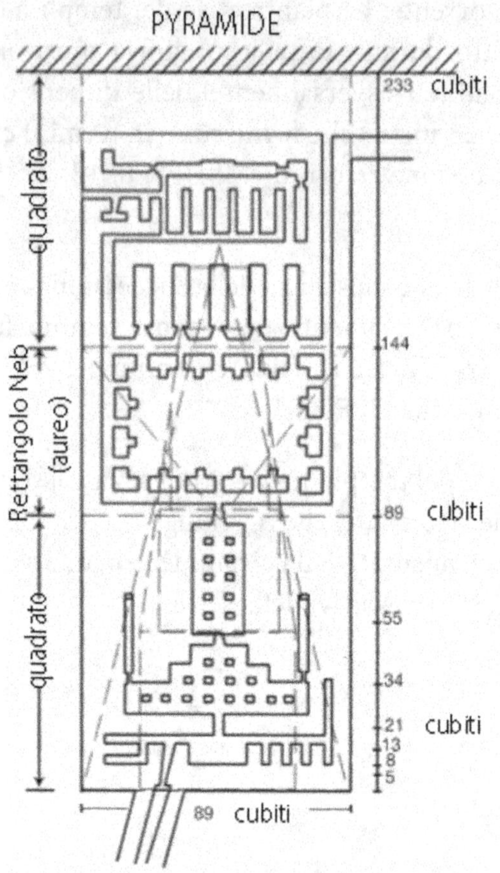

6.4 LA SUCCESSIONE RICORRENTE E LA PROPORZIONE AUREA

Questa serie fu l'origine della progettazione armonica nell'Antico Egitto. Offre il vero palpito della crescita naturale. Il rapporto tra ciascun gruppo di due numeri consecutivi segue la proporzione:

$$3{:}2 = 1{,}5$$
$$5{:}3 = 1{,}667$$
$$8{:}5 = 1{,}60$$
$$13{:}8 = 1{,}625$$
$$21{:}13 = 1{,}615$$

34:21 = 1,619
55:34 = 1,618
89:55 = 1,618
144:89 = 1,618, . . .

Quindi, mentre la serie progredisce, il rapporto tra numeri successivi tende verso la proporzione di Neb (aurea), che numericamente = 1,618, a cui gli accademici occidentali hanno recentemente assegnato un simbolo arbitrario, la lettera dell'alfabeto greco φ (phi), anche se era conosciuto e usato molto prima dei Greci. Questa proporzione è anche nota nei testi occidentali come "aurea" e "divina".

Il mondo accademico occidentale ha persino fornito una falsa rappresentazione della proporzione di Neb (aurea) chiamandola *Numero aureo*. Una proporzione non è un numero, è una relazione. Un numero implica la capacità di contare.

Il termine sezione aurea non fu utilizzato nei testi occidentali fino al XIX secolo. Nella maggior parte dei libri e delle pubblicazioni di matematica dell'occidente, il simbolo comune per la proporzione di Neb (aurea) è tau (τ) invece di phi (φ) – probabilmente perché tau è la lettera iniziale della parola greca *sezione*.

La proporzione di Neb (aurea) controlla le proporzioni di una moltitudine di organismi viventi, che si manifestano nelle spirali logaritmiche/con angoli uguali.

6.5 LA PROPORZIONE COSMICA DELLA FIGURA UMANA

La proporzione è la commisurazione di varie parti che costituiscono il tutto. Il corpo umano è un esempio tipico di proporzione armonica, in quanto è stato modellato in modo tale che le varie parti siano commisurate al tutto.

Nell'Antico Egitto, il canone della proporzione armonica delle figure umane differiva solo tra bambini e adulti. Le differenze riflettevano le effettive differenze fisiche tra questi due stadi. Alla nascita, è l'ombelico che divide l'altezza del bambino in due metà. Una volta che lo sviluppo è terminato (al raggiungimento della pubertà), il punto di giuntura delle gambe (organi riproduttivi) si trova a metà altezza della figura adulta. La posizione dell'ombelico ora divide l'altezza in parti non uguali che rendono le parti e il tutto conformi alla proporzione di Neb (aurea).

I più antichi documenti ritrovati risalenti alla V dinastia mostrano che il punto più alto definito lungo l'asse verticale è l'attaccatura dei capelli sulla testa della persona, nel momento in cui viene introdotto nel regno terreno.

Le raffigurazioni egiziane indicano accuratamente (con una fascia, una corona, un diadema o una giuntura) una linea divisoria per definire la parte superiore del cranio dell'uomo terreno, separando così la corona dal cranio. L'altezza del corpo veniva misurata senza la corona, come mostrato in questa griglia ritrovata dell'Antico Egitto.

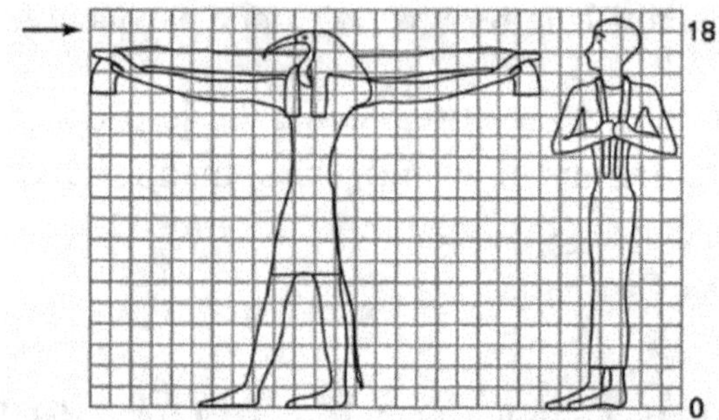

Tehuti (sopra) indica sia l'apertura verticale delle braccia stese (griglia di 18 quadrati) che quella orizzontale, lunga come una griglia di 22 quadrati.

La rappresentazione dei neteru (dei/dee) e/o degli esseri umani nell'aldilà è raffigurata su una griglia di 18 quadrati, per l'intera altezza fino alla sommità della testa (quindi compresa la corona della testa).

La differenza di altezza tra i due regni rivela che gli antichi Egizi conoscevano molto bene la fisiologia e il ruolo degli umani sulla terra.

La rimozione di questa parte del cervello umano (la corona sulla testa) lascia l'uomo vivo, ma privo di discernimento, quindi senza alcun giudizio personale. La persona è in uno stato vegetativo, cioè vive e agisce solo come esecutore di un impulso ricevuto, senza una scelta effettiva. È come una persona in coma.

Sulla griglia formata da 18 quadrati (o il rapporto equivalente a 0,618 di un sistema con o senza griglia), l'ombelico si trova a circa 11,1 quadrati a partire dalla base del tallone. Tale divisione segue le leggi dell'armonia tra le due parti stesse e il tutto, secondo le due relazioni seguenti:

1. Il rapporto tra le due parti (superiore e inferiore) dell'altezza divina (griglia formata da 18 quadrati) è armonico.

Superiore: Inferiore pari a 0,618
Inferiore: Superiore pari a 1,618

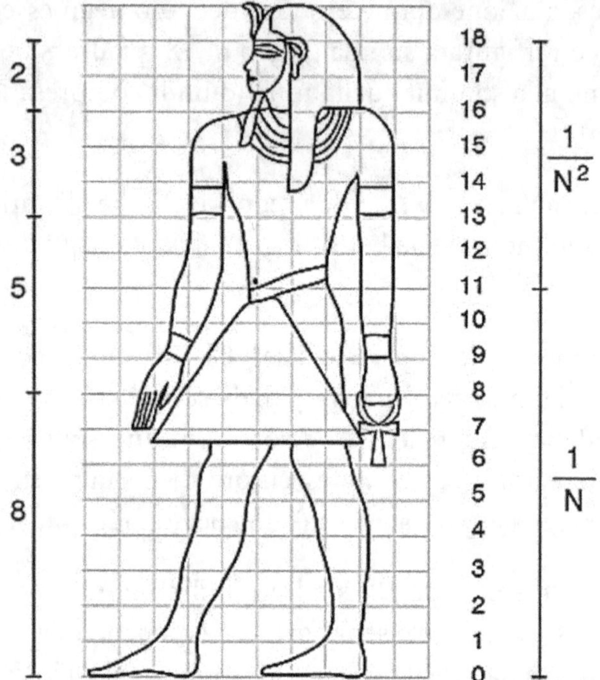

Raffigurazione umana su una griglia originale dell'Antico Egitto nella tomba KV22 di Amenhotep III

2. Tra le due parti e l'intera Unità (altezza divina) – considerando l'altezza totale (fino all'attaccatura dei capelli della testa dell'uomo terreno) uguale a 1 – il corpo dai piedi all'ombelico, nel canone egiziano –, è uguale al reciproco della proporzione di Neb (aurea) (1/N), cioè 0,618. La porzione tra l'ombelico e l'attaccatura dei capelli sulla testa è uguale alla potenza 2 del reciproco della proporzione di Neb (aurea) (1/ N^2), cioè 0,382.

$$1/N + 1/ N^2 = 1$$

$$0,618 + 0,382 = 1$$

dove N = la proporzione di Neb (aurea) (1,618)

A causa dell'intima relazione tra la successione ricorrente e la proporzione di Neb (aurea), concludiamo che anche le diverse parti della figura seguono la successione ricorrente [come mostrato nella griglia].

CAPITOLO 7 : IL PROGETTO ARMONICO COMBINATO – ARITMETICO E GRAFICO

7.1 I PARAMETRI DI PROGETTAZIONE ARMONICA

Il progetto armonico nell'architettura dell'Antico Egitto si otteneva attraverso l'unificazione di due sistemi:

1. Aritmetico (numeri significativi).
2. Grafico (quadrato, rettangoli e alcuni triangoli).

L'unione dei due sistemi riflette la relazione tra le parti e il tutto, che è l'essenza del progetto armonico.

Questa unione tra la progettazione aritmetica e grafica segue i seguenti principi.

1. Il sistema aritmetico comprendeva:

1-a. Gli assi attivi

Un asse è una linea immaginaria e ideale su cui ruota un corpo in movimento. In geometria, un asse è ugualmente immaginario: una linea senza spessore.

Il tempio egizio era considerato un'unità organica e viva. È in costante movimento. I suoi complessi allineamenti e le sue molteplici asimmetrie lo fanno oscillare attorno ai suoi assi. Questo movimento si svolge secondo un ritmo dato dal "modulo" o dal particolare coefficiente della cosa o dell'idea da definire.

La struttura architettonica dell'Antico Egitto è notevole per la sua forte simmetria apparente attorno a un asse longitudinale. Questo è il risultato della conoscenza degli antichi Egizi delle leggi cosmiche. Il progettista egiziano rifletteva questa lieve asimmetria cosmica assicurando che gli elementi su entrambi i lati dell'asse non fossero esattamente identici. Sebbene la maggior parte di loro sia bilanciata, gli elementi non sono simmetrici. Di seguito vengono illustrati due esempi di assi definiti su disegni dell'Antico Egitto.

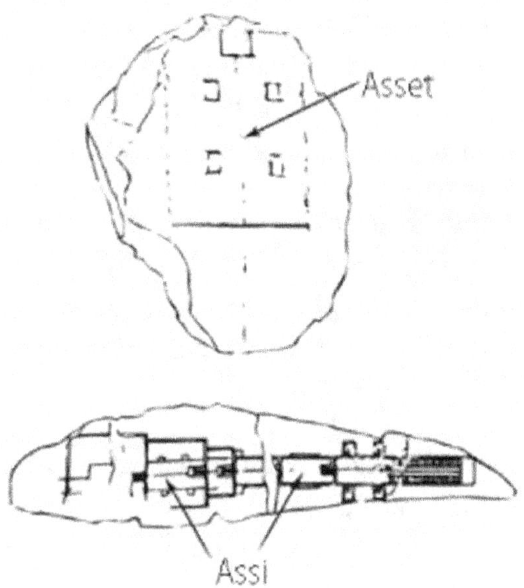

La linea dell'asse si trova in alcuni disegni architettonici o schizzi su papiri e tavolette di varie epoche. Erano probabilmente annotazioni di operai e, nonostante il loro scopo pratico, presentano la linea dell'asse disegnata nello stesso modo convenzionale dei disegni moderni.

Negli edifici, l'asse è contrassegnato da una linea incisa sulle pietre della parte superiore di un blocco delle fondamenta, come nel caso del tempio di Luxor.

1-b. Punti significativi (lungo l'asse)

I punti significativi erano determinati lungo l'asse del progetto. Questi punti segnano l'intersezione con gli assi trasversali, l'allineamento di una porta centrale, la posizione di un altare, il centro del santuario ecc. Seguono una precisa progressione aritmetica. In molti dei migliori progetti, questi punti significativi si trovano a distanze armoniche l'uno dall'altro, e le loro distanze da un'estremità all'altra esprimono i numeri della successione ricorrente (la cosiddetta serie di Fibonacci) 3, 5, 8, 13, 21 , 34, 55, 89, 144, 233, 377, 610... L'analisi armonica indica una serie di punti significativi leggibili da entrambi i lati. Vale a dire che, se invertito, un sistema di punti significativi corrisponderebbe alla successione ricorrente anche con il punto di riferimento che inizia sul lato opposto del progetto.

Numeri elevati della successione ricorrente furono cristallizzati nei monumenti egiziani sin dall'Antico Regno. Il progetto del tempio piramidale di Chephren raggiunge il valore di 233 cubiti nella sua lunghezza totale, misurati dalla piramide, con una serie completa di DIECI punti significativi.

Il Tempio di Karnak segue le cifre della successione ricorrente fino a 610 cubiti, vale a dire DODICI punti significativi. [Si vedano i diagrammi di entrambi i templi nel prossimo seguente].

2. Il sistema grafico comprendeva:

2-bis. I triangoli telescopici

Il progetto del tipico tempio egizio aumenta in larghezza e altezza dal santuario verso la parte anteriore. Questa delimitazione generale era basata su un "sistema telescopico" di progettazione sin dall'Antico Regno. L'aumento in larghezza si otteneva mediante triangoli consecutivi con rapporto 1: 2, 1: 4 e 1: 8 da uno o più punti significativi. [Si veda lo schema del tempio di Karnak (parziale) di seguito.]

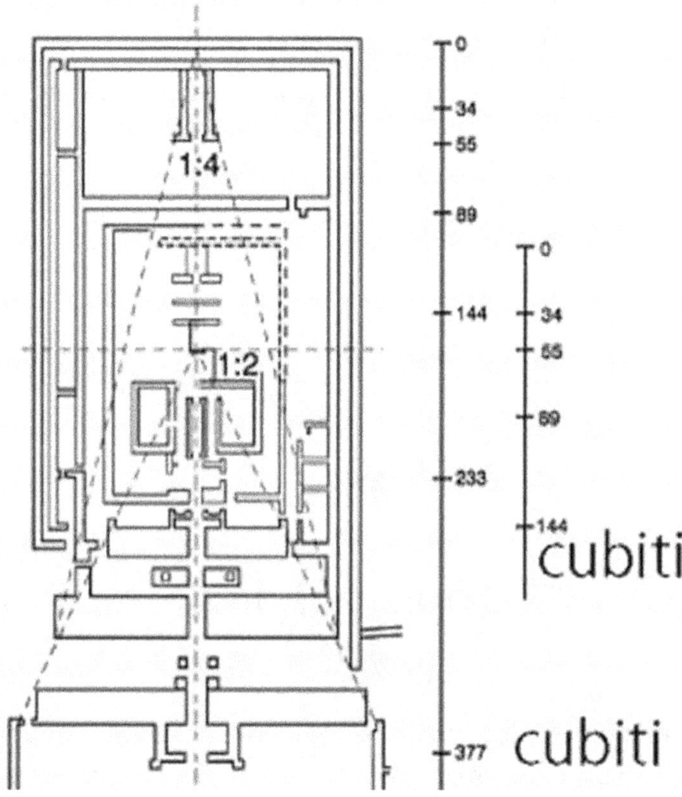

La stessa configurazione telescopica si applicava al piano verticale, nel punto in cui il pavimento del tempio scendeva e i tetti si innalzavano esternamente verso i piloni del tempio, come abbiamo visto in diversi templi in un capitolo precedente di questo libro.

2-b. I perimetri rettangolari

In generale, i contorni orizzontali e verticali sono fondamentalmente di forma rettangolare, sia per il piano complessivo che per le sue parti costituenti. Le più comuni configurazioni utilizzate sono:

- Un quadrato semplice, come quello usato nel tempio della piramide di Chephren a Giza.

- Un quadrato doppio o un rettangolo con rapporto 1: 2, come nel complesso Djoser di Saqqara, la recinzione interna di Karnak, e la sala delle feste di Thutmose III.

- I rettangoli di radice: numerosi esempi [illustrati di seguito].

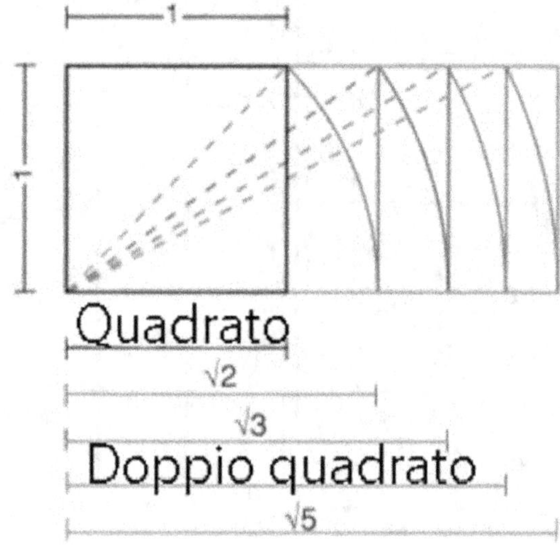

- Il rettangolo di Neb (aureo), dove il "valore numerico" del rapporto tra i due lati è pari a 1,618 – molti esempi come nel tempio della Piramide di Chefren a Giza [come mostrato in precedenza].

7.2 IL PIANO VERTICALE

Gli antichi Egizi erano maestri sia del principio verticale che della linea orizzontale. Le altezze verticali seguivano lo stesso aumento proporzionale delle larghezze orizzontali man mano che si facevano aggiunte sul frontale dei monumenti: un aspetto caratteristico dei templi egizi.

Gli antichi Egizi applicavano la proporzione armonica su tutte e tre le dimensioni, come ad esempio:

- Le piramidi (basi quadrate e volume triangolare).

- Il caso eclatante della Camera del Re nella piramide di Cheope, che presenta relazioni esatte per la diagonale maggiore nello spazio rispetto alla dimensione del lato. [Si veda lo schema nel capitolo 8.]

- I piloni. [Si veda lo schema nel capitolo 8.]

- Porte/portali/cancelli. [Si veda lo schema nel capitolo 8.]

- Le altezze verticali seguivano lo stesso aumento proporzionale delle larghezze orizzontali, poiché le aggiunte venivano fatte sulla parte anteriore dei monumenti, un aspetto caratteristico dei templi egizi.

Nel capitolo seguente parleremo delle varie applicazioni della progettazione armonica nelle opere dell'Antico Egitto attraverso la sua storia e il suo territorio.

CAPITOLO 8 : : ANALISI ARMONICA DELLE OPERE DELL'ANTICO EGITTO

8.1 CONSIDERAZIONI GENERALI

Gli antichi Egizi manifestarono la loro conoscenza della proporzione armonica molto prima dell'epoca predinastica, continuando per tutta la storia dinastica. La selezione dei diagrammi presentati in questo capitolo costituisce solo alcuni esempi, sparsi in tutta la lunga storia dell'Egitto. Si noti che:

1. I diagrammi si basano su misurazioni di varie fonti indipendenti [si veda il capitolo "Fonti e note" per ogni riferimento specifico].

2. Per non sommergere il lettore di disegni e colonne gremiti di dettagli, i seguenti diagrammi riguardanti gli edifici dell'Antico Egitto sono stati molto semplificati. La semplificazione dei disegni progettuali faciliterà il lettore nell'osservare l'applicazione coerente della proporzione armonica nelle opere egiziane.

3. In alcuni casi, le distanze indicate in questi disegni sono state convertite in cubiti egiziani in modo che risultino molto chiare la conoscenza e l'uso appropriato da parte degli

antichi Egizi della successione ricorrente (detta di Fibonacci).

4. Tra gli esempi di edifici indicati in questo capitolo (e in tutto il libro), nessuno è stato toccato durante la dominazione straniera, quindi non vi è il minimo dubbio che gli Egizi possedessero questa conoscenza molto prima che qualsiasi straniero mettesse piede in Egitto.

8.2 ERA PREDINASTICA (5000-2575 P.E.V.)

Essendo l'era predinastica un'epoca molto lontana nel tempo, solo le tombe a mastaba sono sopravvissute in alcuni angoli remoti dell'Egitto. La sovrastruttura delle tombe a mastaba, anche durante l'era predinastica, seguiva le proporzioni armoniche, come si evince dalle tombe nelle aree di Abido, Menfi e Giza.

Nel catalogo generale dei monumenti di Abido di Auguste Mariette (Parigi, 1880) vengono documentate moltissime mastabe egiziane. Mariette ne scoprì circa 800 durante i suoi scavi ad Abido.

La maggior parte delle tombe più semplici rispettava il rettangolo di Neb (aureo) con rapporto 5: 8.

Diverse tombe erano realizzate con la combinazione di un quadrato e un rettangolo di Neb (aureo) con rapporto 5: 8.

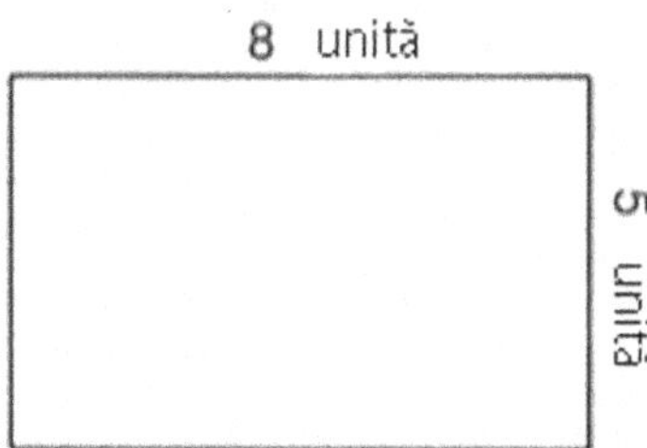

Il fatto che centinaia di tombe armonicamente proporzionate

siano sparse in tutto il Paese, dimostra che si trattava di una conoscenza comune, anche in quel periodo primordiale.

. . .

Siccome i templi richiedono restauri a distanza di qualche decade/secolo, scopriamo che tutti i templi egiziani includono riferimenti alla loro costruzione in tempi predinastici. Pertanto, i templi di diverse ere dinastiche sono generalmente restauri di opere predinastiche.

8.3 ANTICO REGNO (2575-2150 P.E.V.)

<u>Tombe a mastaba</u>

Per dimostrare che la proporzione armonica era cosa nota, ecco alcuni esempi di tombe a mastaba a Giza. Le sovrastrutture rettangolari hanno un orientamento nord-sud e hanno disegni armonici, come riportato qui di seguito.

– Tomba a mastaba 6 (Giza)

Il modello di costruzione consiste in un quadrato e un rettangolo di Neb (aureo) con rapporto 5: 8.

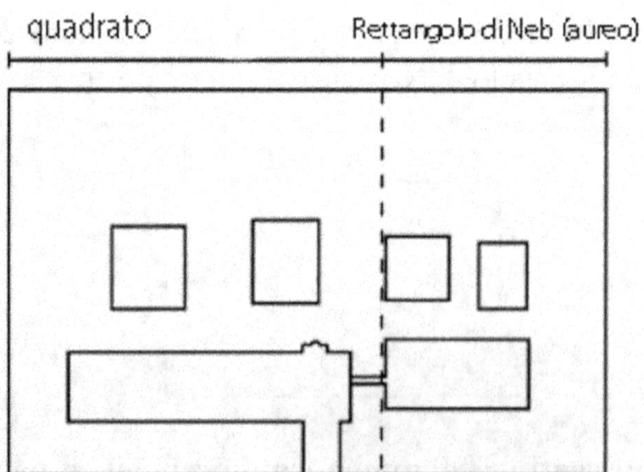

La maggior parte delle altre tombe sono un semplice rettangolo di Neb (aureo) con rapporto 5: 8, secondo le misure indicate:

- Tomba a mastaba 86 (Giza): 3,85 m x 6,17 m

- Tomba a mastaba 87 (Giza): 5,82 m x 9,52 m

- Tomba a mastaba 105 (Giza): 2,95 m x 4,75 m

La camera di granito della piramide di Cheope

La piramide di Cheope si trova a Giza e fu costruita durante il suo regno (2551-2528 p.e.v.). La planimetria della stanza è un doppio quadrato (rettangolo 2 x 1), ovvero 20 x 10 cubiti egiziani (10,5 x 5,2 m).

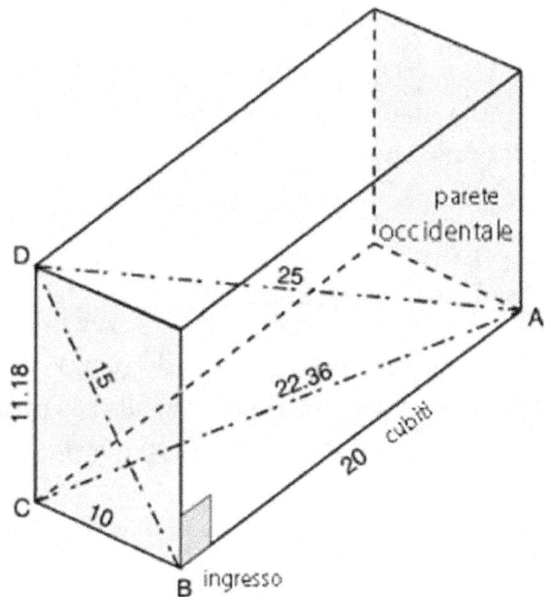

Il doppio quadrato, diviso da un'unica diagonale CA, forma due triangoli rettangoli, ciascuno avente una base di 1 e un'altezza di 2. La diagonale CA è uguale alla radice quadrata di 5 (2,236), cioè 22,36 cubiti di effettiva lunghezza.

L'altezza della stanza è progettata per essere la metà della lunghezza della diagonale del pavimento CA, cioè $\sqrt{5}/2$, pari a 11,18 cubiti (5,8 m) di effettiva lunghezza.

Questa scelta di CD come altezza della stanza rende la diagonale DB (nel triangolo DCB) uguale a 15 cubiti. Il risultato è che i tre lati del triangolo ABD sono in rapporto 3: 4: 5.

La proporzione armonica di questa stanza indica la stretta relazione tra 1: 2: 3: 4: 5 e dimostra la relazione nella proporzione armonica divina (geometria sacra) tra processo e struttura. Mostra anche che il principio del triangolo rettangolo (detto di Pitagora) era usato regolarmente nei progetti degli Egizi, duemila anni prima della nascita di Pitagora.

• • •

Nel libro *Alla riscoperta delle piramidi egizie* di Moustafa Gadalla viene esposta una analisi completa degli interni e degli esterni delle piramidi in muratura in Egitto.

Tempio della piramide di Chefren

Questo tempio fu eretto durante il regno di Chephren (2520-2494 p.e.v) e si trova a Giza, vicino alla sua piramide. Interessanti punti di proporzione armonica in questa struttura massiccia, ma molto precisa includono:

1. Il piano quasi simmetrico.
2. Consiste di due quadrati collegati da un rettangolo di Neb (aureo) con rapporto 5: 8.
3. Tutti i punti significativi [spiegati nel capitolo precedente] sono chiaramente collegati, perfino negli angoli degli enormi pilastri.
4. I punti significativi lungo l'asse longitudinale

corrispondono ai numeri della successione ricorrente (detta di Fibonacci) [3, 5, 8, 13, 21, 34, 55, **89**, 144, **233,** 377, 610…]. La lunghezza complessiva della piramide è di **233** cubiti, mentre la larghezza è di **89** cubiti.

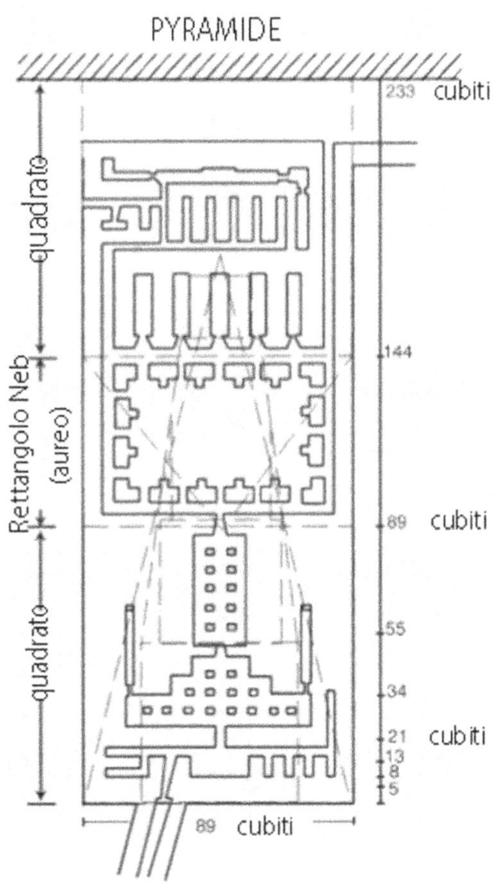

Piramide di Menkaura (Micerino)

Questa è l'ultima piramide in muratura costruita durante il periodo delle piramidi. È la più piccola e più giovane delle tre piramidi della piana di Giza. Fu costruita da Menkaura

(2494-2472 p.e.v.) e presenta interessanti caratteristiche di progetto armonico, tra cui:

1. La base è un quadrato perfetto con quattro superfici triangolari nello spazio.
2. La sua sezione trasversale è molto vicina a un triangolo 5: 8, che rappresenta il triangolo di Neb (aureo).

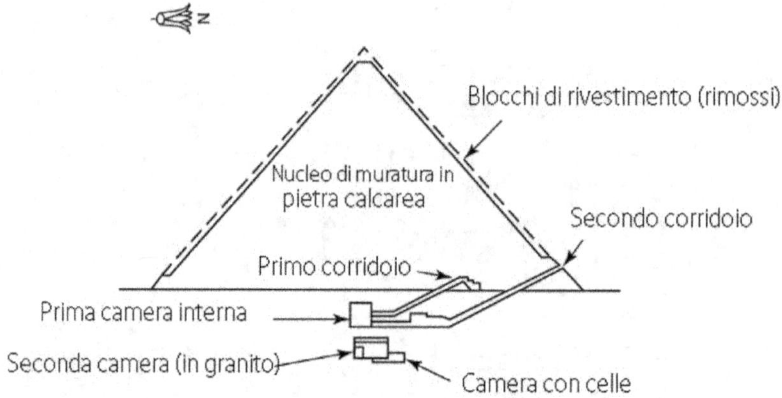

3. Il rapporto tra altezza e metà della diagonale è 8: 9 (il tono musicale perfetto).

La piramide di Micerino rappresenta l'armonia perfetta per vista e udito.

Questa piramide significò la fine del periodo delle piramidi.

• • •

Nel libro *Alla riscoperta delle piramidi egizie* di Moustafa Gadalla viene fornita un'analisi completa degli interni e degli esterni delle piramidi in muratura in Egitto

8.4 MEDIO REGNO (2040-1783 P.E.V.)

Periptero di Sen-usert (Sesostri) I

Il padiglione di Sen-usert I (1971-1926 p.e.v.), nel complesso templare di Karnak, nella sua struttura incorpora la conoscenza geodetica e fornisce anche una grande quantità di informazioni geodetiche sulle sue pareti. Presenta un elenco di tutte le province dell'Egitto con le rispettive superfici, a dimostrazione del fatto che furono eseguiti dei veri rilevamenti. Sono elencate le principali città, e sono indicate la lunghezza complessiva dell'Egitto e l'altezza normale dell'inondazione del Nilo in tre punti principali lungo tutto il fiume. Su queste pareti vengono fornite molte altre utili informazioni.

Lo schema di costruzione è un quadrato affiancato da un rettangolo di Neb (aureo) con rapporto 5: 8 su ciascun lato, che delimita la lunghezza di entrambe le scale.

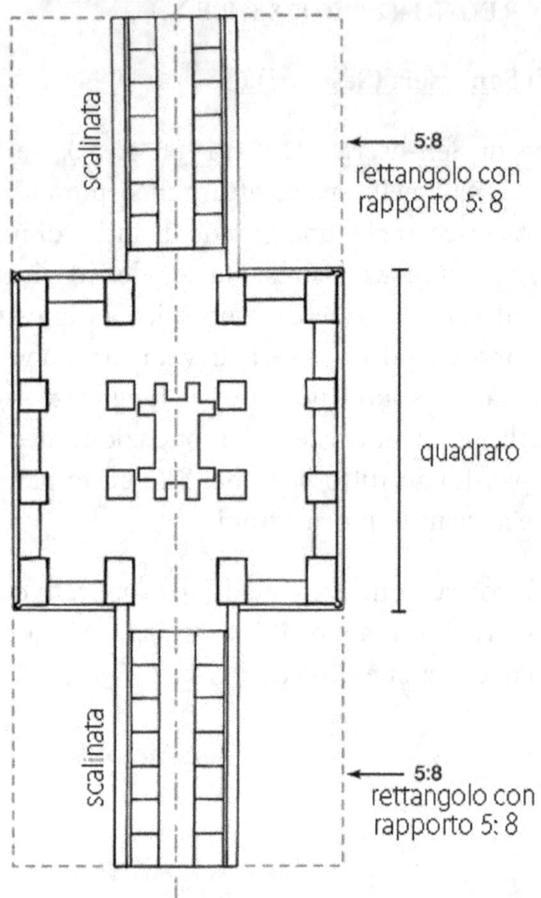

Tomba di Wahka

La tomba di Wahka fu costruita nel 1900 p.e.v. circa a Qaw, vicino ad Asyut, ed è in parte scavata nella roccia. La disposizione è terrazzata, caratterizzata da un portico con colonne, una strada in pendenza, una scalinata, un cortile e dei portici a colonne sovrapposte.

Interessanti punti di proporzione armonica includono:

1. La parte superiore del complesso, che si innalza su più

livelli, è costituita da quadrati collegati da un reticolo a
forbice di triangoli/rettangoli di Neb (aureo) con rapporto
5: 8.

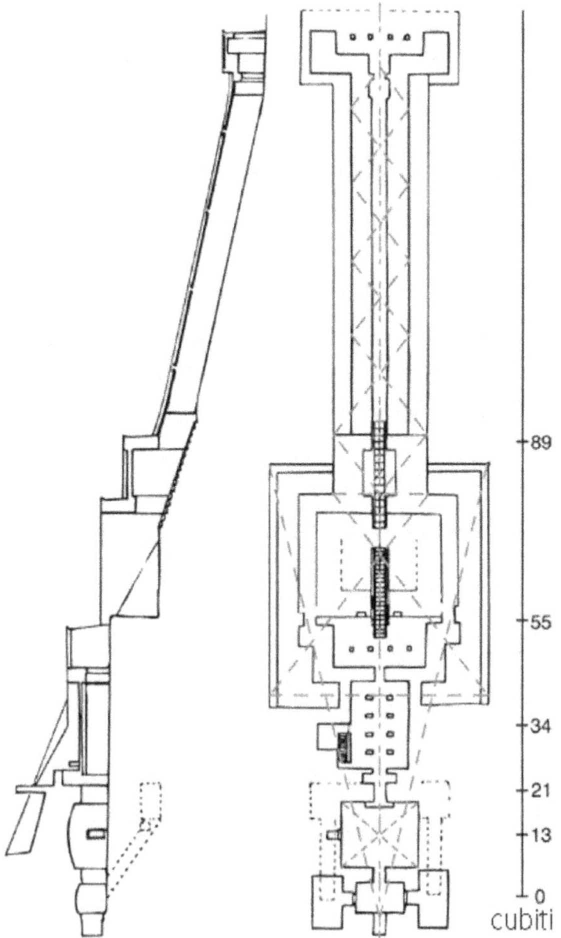

2. Il complesso, ad eccezione della scalinata anteriore, è
    proporzionato sulla base di cinque numeri della successione
    ricorrente (Fibonacci).

Questo esempio dimostra che, lontano dai centri abitati di Menfi
e Tebe, la proporzione armonica era nota in tutto il Paese.

8.5 NUOVO REGNO (1550-1070 P.E.V.)

Complesso templare di Karnak

Il santuario originale del complesso di Karnak a Luxor (Tebe) fu costruito durante il Medio Regno. Si tratta del più grande complesso di templi dell'Egitto, dove i templi, piloni, cortili, colonne e rilievi furono continuamente incrementati dal Medio al Tardo Regno per oltre 1.500 anni.

Sebbene risalgano a periodi diversi, i templi rispettano i principi della progettazione armonica. Questa è un'evidente prova per suffragare l'esistenza di archivi in cui venivano tenuti i registri dei progetti come riferimento.

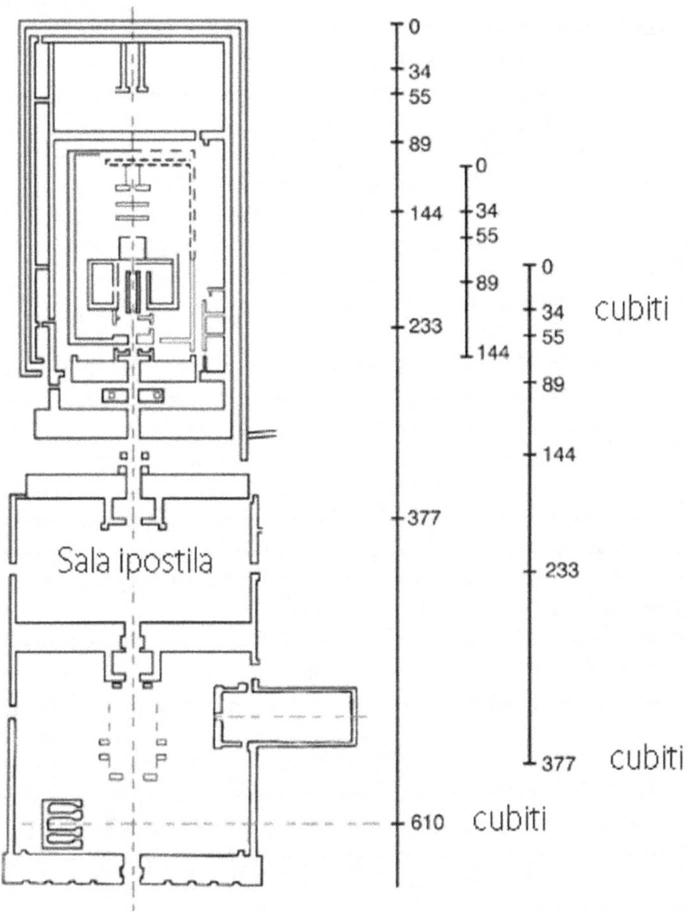

Questo è un valido esempio di tempio costruito per accrescimento grazie ad aggiunte successive.

Se consideriamo solo il tempio sull'asse principale (ovest-est), troviamo che più di una successione ricorrente (Fibonacci) [3, 5, 8, 13, 21, 34, 55, 89, 144, 233, 377, **610**...] di punti significativi presenta l'applicazione di una progettazione armonica completa su tre diverse scale. La distanza maggiore è di 610 cubiti dalla parte posteriore fino all'asse del triplice santuario, nel cortile anteriore.

Tempio di Osiride ad Abido

Questo tempio ben conservato ad Abido ha un'insolita struttura a forma di L. Quest'opera risale a Seti I (1333-1304 p.e.v.) ed è stata completata da Ramsete II (1304-1237 p.e.v.).

Interessanti punti di proporzione armonica includono:

1. Il progetto armonico tenne in considerazione lo spostamento della parte laterale della forma a L. Lo schema di base è continuo in tutto il corpo principale e nella parte laterale del progetto.

La struttura del tempio è costituita da un quadrato sormontato da tre rettangoli di Neb (aurei) con rapporto 5: 8 mentre la parte posteriore è un rettangolo di Neb (aureo) con rapporto 5: 8 della stessa larghezza della porzione principale.

2. Nel corpo principale è definita una serie di punti significativi, a partire dalla parete posteriore dei santuari. Le distanze coincidono con i numeri della successione ricorrente (detta di Fibonacci) [3, 5, 8, 13, 21, 34, 55, 89, 144, 233, 377, 610, ...] fino a 233 cubiti, che determinano l'allineamento frontale dei due recinti del cortile.

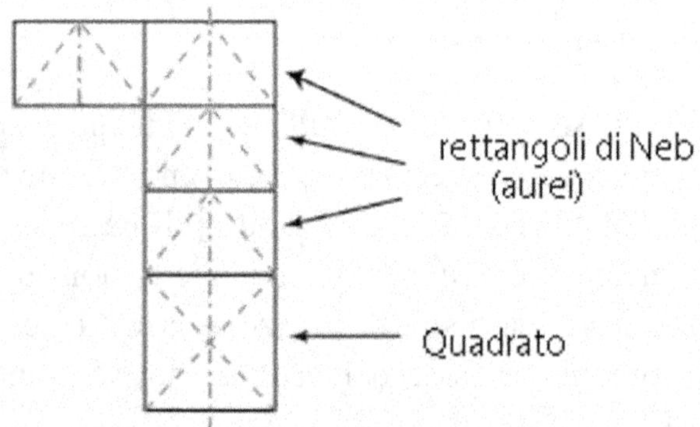

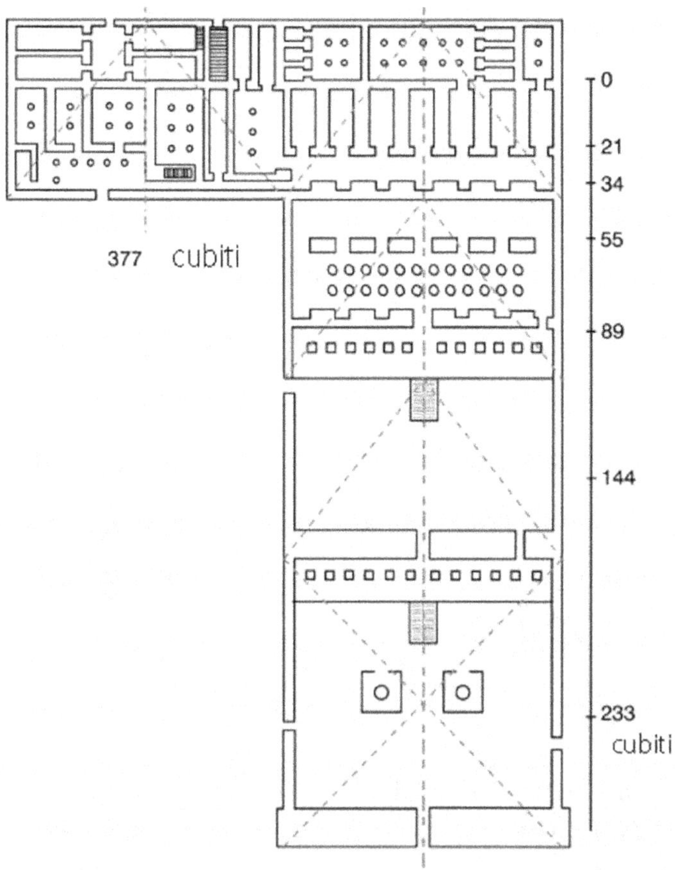

È interessante notare che il numero successivo della serie, 377, determina la lunghezza complessiva del tempio se la porzione laterale della forma a L è allungata verso l'asse dell'ingresso esterno che si apre sulla parte laterale.

Tomba di Ramsete IV

La tomba del re Ramsete IV (1163-1156 p.e.v.) nella Valle dei Re a Luxor (Tebe) ha le seguenti interessanti caratteristiche armoniche:

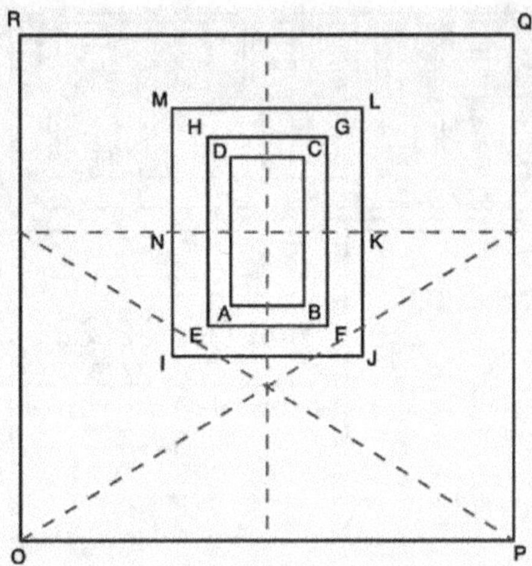

1. La tomba OPQR contiene un triplo sarcofago. La tomba stessa fu dimensionata su una proiezione geometrica di questo triplo sarcofago.

2. Il sarcofago più interno ABCD ha la forma di un doppio quadrato, il più sacro dei recinti sacri.

3. Il sarcofago medio EFGH ha la forma di un rettangolo di Neb (aureo) con rapporto 5: 8

4. Il sarcofago esterno IJLM è composto da due rettangoli di Neb (aurei) con rapporto 5: 8, IJKN e NKLM, ciascuno dei quali è uguale al sarcofago centrale EFGH.

8.6 L'ULTIMO FARAONE EGIZIANO NATIVO

Tempio di Khnum

Questo tempio fu eretto dall'ultimo faraone egiziano, Nectanebo II (360-343 p.e.v.) a Elefantina, e fu ampliato durante l'epoca tolemaica e romana. Il tempio dimostra che anche alla fine della storia dinastica d'Egitto, il progetto generale seguiva uno schema

armonico ben definito. Il tempio possiede interessanti punti di
proporzione armonica, quali:

1. Prima dell'epoca tolemaica, la larghezza del tempio era di
    55 cubiti sul retro. La lunghezza fu estesa a **89** cubiti
    durante il regno di Nectanebo II, con 8 punti significativi
    che corrispondono ai numeri della successione ricorrente
    (Fibonacci). Poi più tardi, secondo la regola tolemaica, la fila
    di colonne nel vestibolo fu costruita di **89** cubiti di
    lunghezza, in modo che lo schema del diagramma armonico
    fosse un quadrato di **89** cubiti sormontato da un rettangolo
    di Neb (aureo) con rapporto 5: 8. Con le aggiunte successive
    di un recinto posteriore, un cortile e un pilone, la lunghezza
    totale raggiunge i **233** cubiti, con un punto significativo
    intermedio a **144** cubiti dall'estremità posteriore
    all'allineamento del cortile prima del suo piano finale.

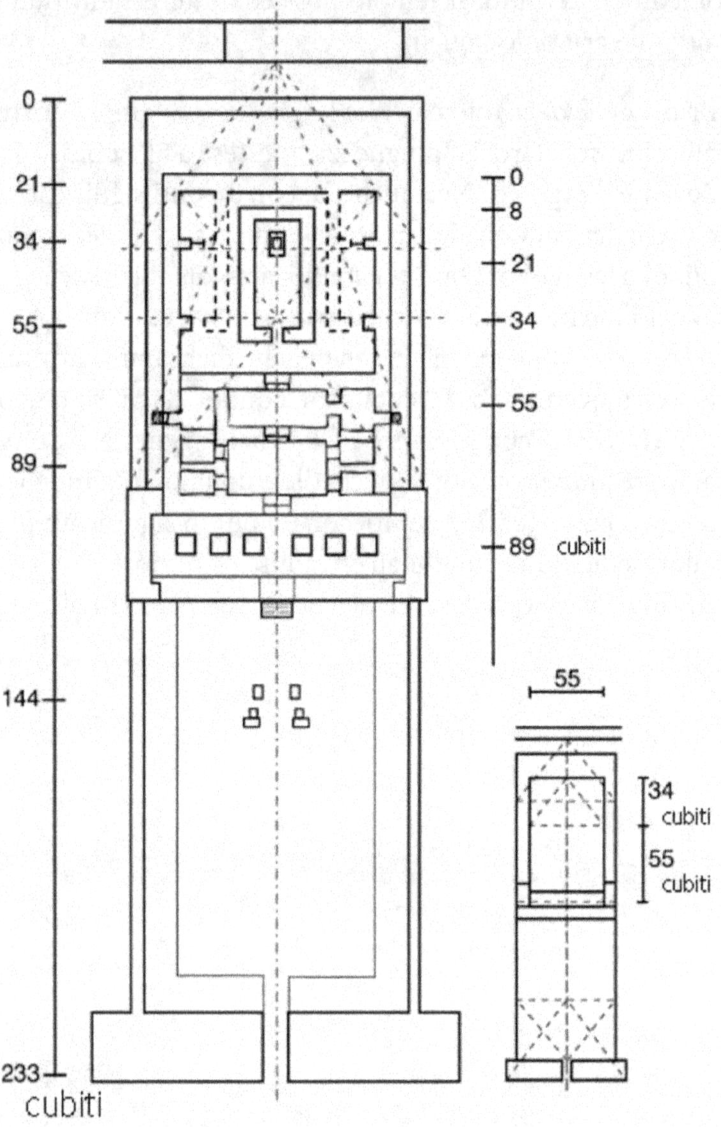

2. Tutte le suddette distanze essenziali (come **55**, **89**, **144** e **233**) sono chiaramente numeri della successione ricorrente (detta di Fibonacci) [3, 5, 8, 13, 21, 34, **55, 89, 144, 233**, 377, 610...].

3. Questo dimostra che nell'Antico Egitto la costruzione del tempio, anche sotto il dominio straniero, era basata

puramente sui criteri degli antichi Egizi (come è ovvio nelle prime opere dell'Antico Egitto) e fu successivamente copiata da altri.

8.7 RESTAURI DURANTE IL PERIODO GRECO-ROMANO (332-395 E.V.)

Diversi templi dell'Antico Egitto furono restaurati durante il periodo greco-romano. I templi restaurati rispettano costantemente il canone di proporzione egiziano usato per le svariate migliaia di anni precedenti.

Un valido esempio proviene dai testi incisi nelle cripte del tempio di Hathor a Dendera, che fu ricostruito durante l'epoca tolemaica in base a disegni risalenti al re Pepi della VI Dinastia (2400 p.e.v.). I disegni stessi sono copie di documenti predinastici.

Nel testo si legge:

> *La fondazione venerabile di Dendera è stata trovata nei testi antichi, scritti su un rotolo di cuoio ai tempi dei Seguaci di Horus (= i re che precedono Mena/Menes), rinvenuto a Menfi, in un cofanetto ai tempi del Re delle Due Terre... Pepi.*

È evidente che il lavoro di restauro fatto durante il periodo greco-romano fu eseguito secondo le conoscenze dell'Antico Egitto.

8.8 MISCELLANEA

<u>Considerazioni generali</u>

La progettazione armonica non era limitata ai grandi edifici architettonici egiziani, ma era usato nelle strutture più piccole e in elementi quali capitelli e stele, così come nelle composizioni grafiche e delle statue che sono tutte parti integranti dell'edificio.

I pettorali e altri amuleti magici trovati sulle mummie egiziane sono stati analizzati dal punto di vista geometrico. Tutti mostrano varie configurazioni di proporzione armonica, che indicano l'unità della geometria sacra egiziana dal più grande al più piccolo oggetto sacro.

Presenteremo alcuni esempi di pezzi più piccoli (relativamente parlando) come:

- Capitelli di colonne

- Stele

- Piloni

- Porte/Portali

Capitelli di colonne

Nell'Antico Egitto, il progetto dei capitelli era basato sui triangoli di Neb (aurei) con rapporto 1: 2, 1: 4 e 5: 8. Ecco tre tipi di capitelli progettati dagli Egizi:

1. Il capitello **papiriforme** del tempio commemorativo di Ramsete III (Medinet Habu), nella parte occidente di Luxor. Il diametro del capitello è il doppio di quello del fusto o dell'abaco. Un triangolo di Neb (aureo) con rapporto 5: 8 definisce le proporzioni tra il bordo più largo della corolla, che funge da base, e il terzo dei cinque anelli di fissaggio.

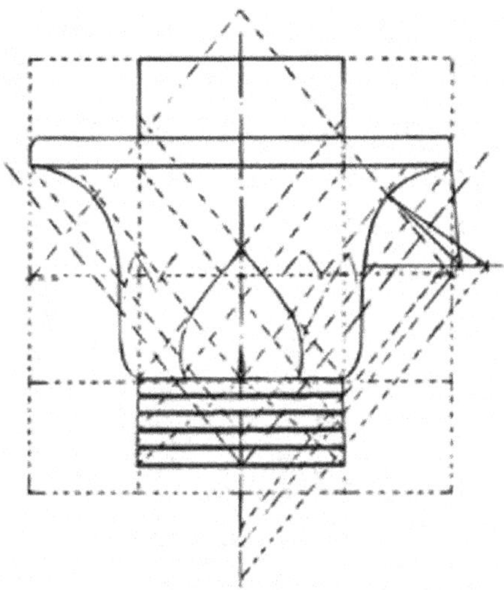

2. Il capitello **lotiforme** o papiriforme a bocciolo chiuso: tempio di Karnak (1335 p.e.v. circa). Lo schema costruttivo del contorno presenta un quadrato, derivato proporzionalmente dal diametro del fusto mediante un triangolo di Neb (aureo) con rapporto 5: 8 e con l'altezza della sezione trasversale trapezoidale del bocciolo. Le larghezze nella parte superiore e inferiore del bocciolo sono determinate da due triangoli 5: 8. È interessante notare che le decorazioni dei cinque anelli e gli steli verticali stilizzati sottostanti hanno un profilo quadrato.

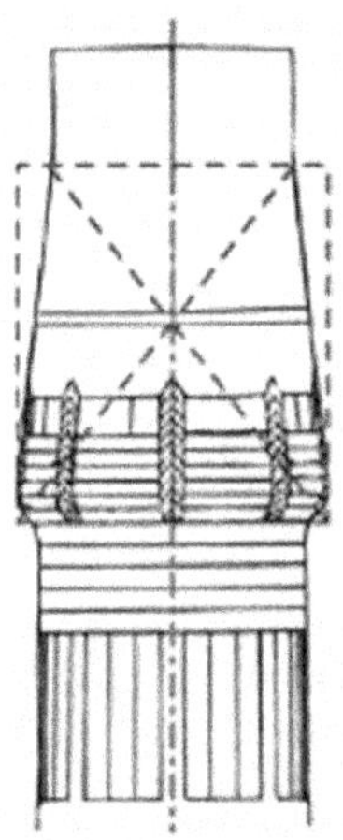

3. L'altezza del particolare capitello **campaniforme** invertito della colonna a forma di picchetto di tenda nella sala delle feste di Thutmose III (1490-1436 p.e.v.), a Karnak, è determinata dall'altezza del triangolo 5: 8 la cui base è uguale al diametro più largo della corolla.

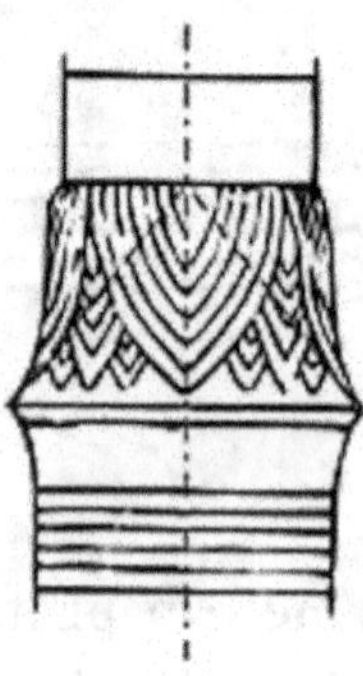

Stele

Le stele egiziane di epoche diverse sono state progettate secondo proporzioni armoniche ben definite. Ecco alcuni esempi di configurazioni del pannello interno:

1. La stele del re Djet ad Abido, I Dinastia (circa 3100 p.e.v.).

    Un quadrato sormontato da un triangolo di Neb (aureo) con rapporto 5: 8

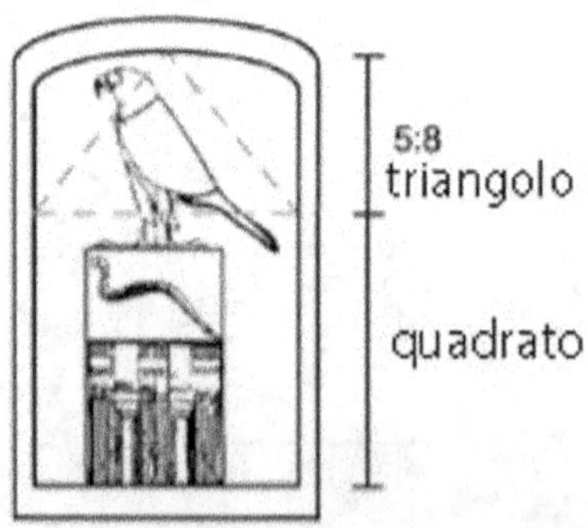

2. Stele 20088 al Museo del Cairo, Medio Regno (2040-1783 p.e.v.)

Quadrati identici.

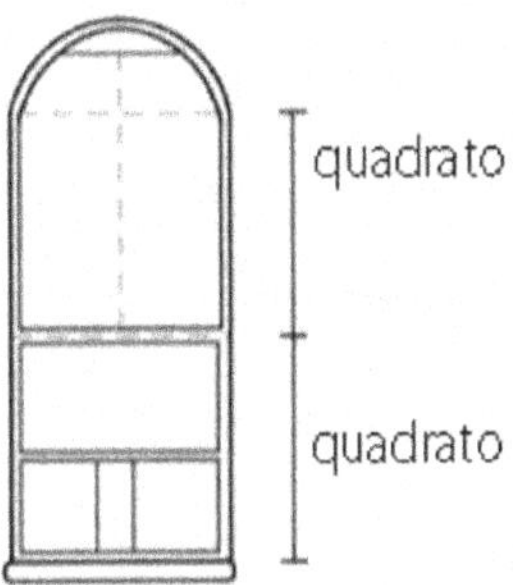

3. Stele 20255 al Museo del Cairo, Medio Regno.

Rettangoli di Neb (aurei) con rapporto 5: 8, identici.

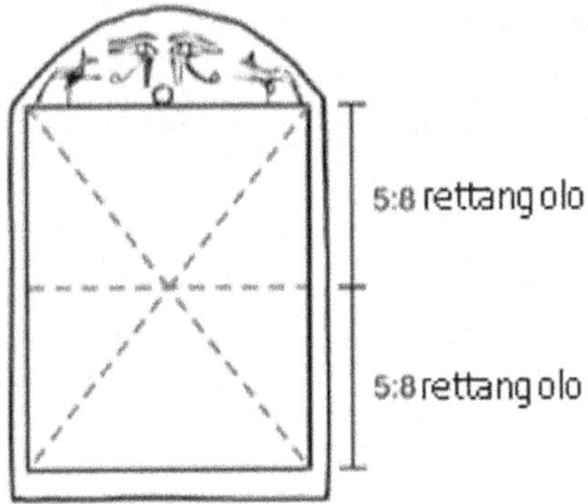

Piloni

I piloni sono un elemento costante dei templi egizi. Un esempio della proporzione armonica di un pilone egiziano si trova presso il tempio di Khonsu (circa 1330 p.e.v.) nel complesso templare di Karnak. La proporzione armonica unica di questo pilone della XIX Dinastia fu menzionata nella *Descrizione dell'Egitto* [Parte III, pagina 57], una pubblicazione scritta durante l'epoca napoleonica.

L'intera larghezza è divisa in tre parti: M + m + M. Il portale occupa la parte centrale della larghezza, mentre i piloni si innalzano su entrambi i lati del portale.

Larghezza intera = B

Altezza intera = H

Larghezza del pilone = M

Larghezza del portale/ingresso = m

Apertura dell'ingresso, altezza = h

Apertura dell'ingresso, larghezza = b

I punti di interesse nella proporzione armonica sono:

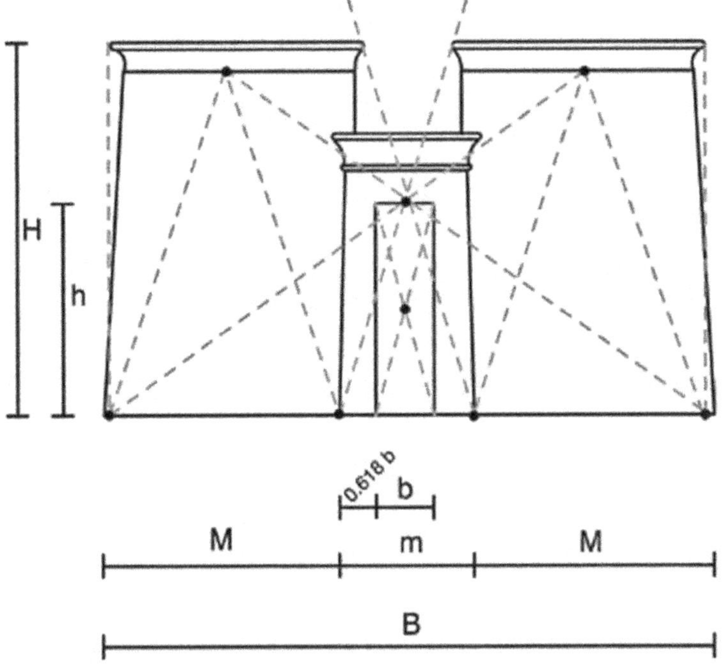

1. Il rapporto tra larghezza e altezza totale (B/H) = 1,618. Ciò significa che il pilone forma un rettangolo di Neb (aureo) verticale.

2. M/m = 1,618, cioè il rapporto tra la larghezza del pilone e la larghezza del portale è pari alla proporzione di Neb (aurea).

3. Ogni pilone-torre è un rettangolo aureo nel piano verticale (H/M = 1,618)

4. Le relazioni tra B, H, M e m sono:

B x 0,618 = H

B x 0.6182 = M

B x 0,6183 = m

Porte/Portali

Nell'Antico Egitto, le porte venivano costruite con o senza pilone su ciascun lato.

Alcuni esempi, risalenti a periodi diversi, mostrano che il progetto semplice delle porte egiziane rispetta un'analisi armonica. I collegamenti tra le aperture e gli stipiti erano armonicamente proporzionali. Anche l'altezza dell'apertura e l'altezza massima erano progettate armonicamente.

Interessanti punti di proporzioni armoniche sono:

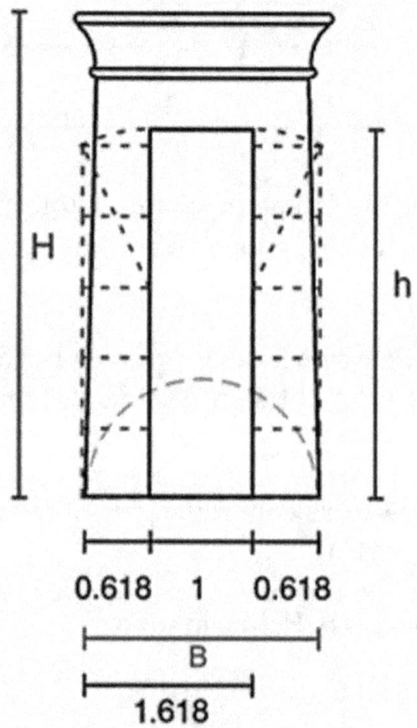

1. Lo schema generale nel piano verticale è il doppio quadrato con rapporto 1:2 [H = 2B].

2. La larghezza dell'apertura si basa su un quadrato inscritto

in un semicerchio, il tipico modo che gli antichi Egizi avevano di stabilire le proporzioni dei rettangoli di radice. Pertanto, lo spessore dello stipite è 0,618 volte la larghezza dell'apertura.

3. L'altezza (h) dell'apertura = 3,1415 = pi

La tipica struttura della porta dell'Antico Egitto incorporava entrambi i rapporti sacri pi e phi, come mostrato e spiegato in precedenza.

Entrambi i rapporti sacri furono intenzionalmente inseriti e utilizzati 4.500 anni fa nella costruzione delle piramidi in muratura in Egitto. [Per maggiori dettagli, si veda *Alla riscoperta delle piramidi egizie*, di Moustafa Gadalla.]

PARTE III : LE COMUNICAZIONI ANIMATE

CAPITOLO 9 : LE IMMAGINI METAFISICHE ANIMATE SULLE PARETI

9.1 IL DISEGNO DINAMICO ATTIVO

Come illustrato in precedenza, i templi dell'Antico Egitto avevano lo scopo di generare energie: furono progettati in tal senso, e costruiti secondo i principi di progettazione dinamica attiva. Abbiamo anche spiegato la configurazione telescopica generale del tempio egizio, dotata di modelli di giunzione per assicurare il flusso delle energie.

Abbiamo anche dimostrato l'applicazione egiziana della progettazione dinamica sulla configurazione e sul posizionamento dei caratteri "simbolici" delle raffigurazioni sulle pareti delle tombe e dei templi egizi.

In questo capitolo ci concentreremo sui significati metafisici di queste raffigurazioni.

Le pareti del tempio egizio erano coperte di immagini animate, tra cui i geroglifici, per facilitare la comunicazione tra il micro e il macro cosmo. Le iscrizioni e le illustrazioni sulle pareti del tempio hanno profondi significati mistici noti solo a certe persone illuminate. Le incisioni avevano un valore rituale.

9.2 SIGNIFICATO METAFISICO DELLE IMMAGINI PITTORICHE

Un'immagine vale più di mille parole – e per estensione, molte migliaia di suoni. Un'immagine rappresenta un concetto/idea e non una singola lettera/suono.

Si usa dire "figurati questo" o "immagina quello" perché le immagini sono rappresentazioni di concetti e idee che vanno al di là delle parole. L'immagine trasmette informazioni in modo più efficiente rispetto alle lettere o alle parole.

Le immagini pittoriche sono il linguaggio (metafisico) della mente/intelletto/divino.

Gli esseri umani elaborano le informazioni ricevute dai cinque sensi, trasmesse al cervello, attraverso immagini visualizzate. Pertanto, le immagini pittoriche rappresentano realtà scientifiche/metafisiche come mezzo ultimo verso la coscienza umana che interpreta, elabora e memorizza i significati di queste immagini.

La scienza moderna concorda sul fatto che una serie di immagini viene elaborata nella coscienza allo stesso modo dei sogni.

[Per informazioni dettagliate su questo argomento, si veda *Il linguaggio metafisico dei geroglifici egizi*, di Moustafa Gadalla.]

9.3 LA RICCHEZZA DELLA CONOSCENZA NELLE IMMAGINI PITTORICHE EGIZIANE

Per definizione, un simbolo non è ciò che rappresenta, ma ciò che simboleggia, che suggerisce. Un simbolo rivela alla mente una realtà diversa da ciò che è. Le parole trasmettono informazioni; i simboli evocano comprensione.

Un dato simbolo rappresenta quella funzione o quel principio su tutti i livelli contemporaneamente, dalla manifestazione fisica più semplice e più ovvia a quella più astratta e metafisica. Senza riconoscere l'intenzione del simbolismo, continueremo a ignorare la ricchezza della conoscenza e della saggezza degli Egizi.

Nel simbolismo egiziano, il preciso ruolo degli ideogrammi era indicato in molti modi: con un abito, un copricapo, una corona, piume, animali, piante, un colore, una posizione, una dimensione, un gesto, un oggetto sacro o un tipo di attributo simbolico (ad esempio il flagello, lo scettro, il bastone, l'ankh.

Il simbolismo si riflette nella forma, la dimensione, la posizione, i materiali, il colore, il numero ecc.

Questo linguaggio simbolico rappresenta una ricchezza di dati fisici, fisiologici, psicologici e spirituali nei simboli presentati.

La rappresentazione dell'uomo è sinonimo di universo – I regni divini e terreni

In tutto il mondo sono in uso molte affermazioni che indicano coerentemente che l'essere umano è fatto a immagine di Dio (cioè un universo in miniatura), e che capire l'universo significa capire se stessi, e viceversa. Tuttavia, nessuna cultura ha mai praticato questi principi come gli antichi Egizi. Fondamentale per la loro piena comprensione dell'universo era la consapevolezza che l'uomo è stato creato a immagine di Dio e, in quanto tale, l'uomo rappresentava l'immagine di tutta la creazione.

Coerente con tale pensiero, la raffigurazione di un essere umano rappresenta sia l'universo nel suo insieme che l'essere umano sulla Terra. La differenza tra i due sarà chiarita di seguito.

Come visto in precedenza, i più antichi documenti ritrovati della V Dinastia indicano che il punto definito più alto sull'asse verticale è l'attaccatura dei capelli di una persona, quando viene presentata nel regno terreno.

Le rappresentazioni egiziane segnano con cura – con una fascia, una corona, un diadema o una giuntura – una linea di demarcazione per la parte superiore del cranio dell'uomo terreno, separando così la corona del cranio. L'altezza del corpo veniva misurata senza la corona. Le illustrazioni mostrano l'uomo terreno sempre più alto degli aspetti divini. Un chiaro esempio si trova in questo papiro dell'Antico Egitto, con un sistema a griglia, dove un umano è più alto del neter (dio) Thot.

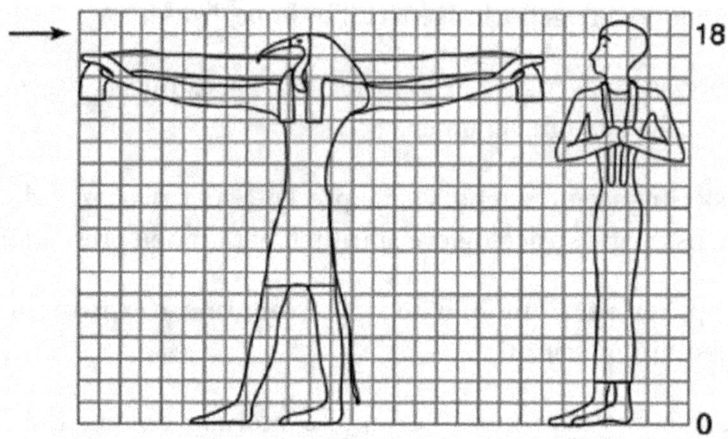

È opportuno sottolineare che il neter (dio) Thot qui raffigurato illustra sia l'apertura verticale (griglia di 18 quadrati) che quella orizzontale delle braccia estese, le quali misurano una griglia di 22 quadrati.

La rappresentazione dei neteru (dei/dee) e/o degli esseri umani nell'aldilà è presentata su una griglia di 18 quadrati per l'altezza totale fino alla sommità della testa. La scelta del numero 18 è molto significativa e coerente con tutti gli altri aspetti dell'Antico Egitto. Nei *Testi funerari di Unis* (detti *delle Piramidi*), l'Uomo divino (il Re) viene generato da 2 x 9 (cioè 18) unità divine:

> **Il Re** [simbolo dell'Uomo divino] ***nacque dalle cosce dei due divini Nove.***

La differenza di altezza tra i due regni rivela che gli antichi Egizi conoscevano molto bene la fisiologia e il ruolo degli umani sulla terra.

La rimozione di questa parte del cervello umano lascia l'uomo vivo, ma senza discernimento, quindi senza alcun giudizio personale. La persona è in uno stato vegetativo, cioè vive e agisce solo come esecutore di un impulso che riceve, senza effettivamente scegliere. È come una persona in coma.

L'essere terreno deve usare il suo strumento cerebrale per scegliere le sue azioni. Queste azioni saranno in accordo o in contrasto con l'armonia naturale. Se, durante la sua vita terrena, le azioni non sono in armonia con la natura, lui/lei si reincarnerà di nuovo nel regno terreno, per riprovarci ancora una volta.

Nel momento in cui l'uomo terreno sviluppa la sua consapevolezza nel miglior modo possibile, non avrà più bisogno del suo strumento cerebrale.

Il simbolismo animale

L'attenta osservazione e la profonda conoscenza degli Egizi del mondo della natura permise loro di identificare determinati animali, con qualità specifiche, che potevano simboleggiare certe funzioni e principi divini in modo particolarmente puro e sorprendente.

In tema di lealtà, non vi è miglior di esprimerla che attraverso un cane.

Parlando dell'aspetto protettivo della maternità, non vi è miglior modo di esprimerlo che attraverso una leonessa.

Questa espressione simbolica di profonda comprensione spirituale veniva presentata in tre forme principali. Le prime due sono esseri umani con testa di animale, o una pura forma animale.

La terza forma è l'opposto di un essere umano con testa di animale. In questo caso, abbiamo un uccello dalla testa umana – cioè il Ba – che rappresenta l'anima del corpo mentre si libra sopra il corpo.

La rappresentazione del Ba, quindi, è l'aspetto divino del terrestre.

Immagini a testa di animale

Una figura/immagine umana con testa di animale rappresenta una particolare funzione/attributo nella sua forma più pura. Quando viene rappresentata una figura/immagine con testa di animale, essa trasmette quella particolare funzione/attributo nell'universo, ritratta nella sua forma umana, coerente con l'idea che l'uomo è l'immagine dell'intera creazione. Le immagini umane a testa di animale rappresentano le forze divine che gli Egizi chiamavano Neteru (dei, dee). Essi sono manifestazioni dell'energia divina nell'universo.

[Per informazioni più dettagliate sulle funzioni cosmiche dei neteru (dei, dee), si vedano altre pubblicazioni dello stesso autore, principalmente *Cosmologia egizia* ed *Egyptian Divinities*.]

Accessori, emblemi, colori ecc.

Secondo il simbolismo egiziano, il ruolo preciso dei *Neteru* (dei/ dee) viene rivelato in molti modi: con l'abbigliamento, la pettinatura, la corona, la piuma, l'animale, la pianta, il colore, la posizione, la dimensione, il gesto, l'oggetto sacro (flagello, scettro, bastone, ankh) ecc. Questo linguaggio simbolico rappresenta una ricchezza di dati fisici, fisiologici, psicologici e spirituali nei simboli presentati.

Forme d'azione – Il linguaggio del corpo

L'attenta definizione dei piani separati di questo universo cubico si rivela in un'arte che è essenzialmente bidimensionale. Per rappresentare oggetti tridimensionali su una superficie piana, gli Egizi evitavano la soluzione prospettica del problema. Ciò comportava un profilo bidimensionale con l'eccezione di alcune parti del corpo, come gli occhi e talvolta le corna.

Praticamente tutte le figure sulle pareti dei monumenti egiziani sono di profilo, a indicare un'azione e un'interazione tra le diverse figure simboliche. È evidente un'ampia varietà di azioni nelle forme.

Dobbiamo vedere queste rappresentazioni nella giusta prospettiva: in che modo si relazionano queste sequenze di raffigurazioni; ma innanzitutto, come si inseriscono queste raffigurazioni nel quadro generale, ovvero nell'ambito del testo?

Come affermato in precedenza, gli Egizi proporzionavano le figure pittoriche, nonché i geroglifici, applicando la progettazione dinamica generativa.

La raffigurazione pittorica sia nei geroglifici che nelle immagini figurative viene presentata con modalità attive animate e precise.

La si può descrivere come una forma di linguaggio del corpo.

1. La figura immobile, un profilo statico, in cui l'asse verticale passa attraverso l'orecchio (orecchio interno, equilibrio), l'articolazione dell'anca e termina nel tallone del piede.

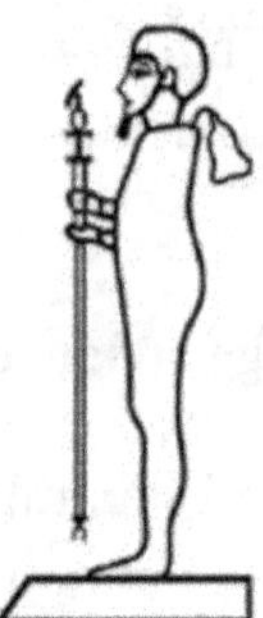

2. Rappresentazione identica alla precedente, tranne per il fatto che sono visibili entrambe le spalle, con una vista frontale del torace che indica un'azione limitata.

3. Rappresentazione identica alla n. 2, tranne che un piede è posizionato leggermente davanti all'altro, a rappresentare l'inizio del movimento

4. La figura è in movimento (passo normale) quando l'asse del movimento passa dall'orecchio (equilibrio) all'articolazione dell'anca e termina sulla pianta del piede posteriore. È sulla pianta del piede che si pone il proprio peso per avanzare.

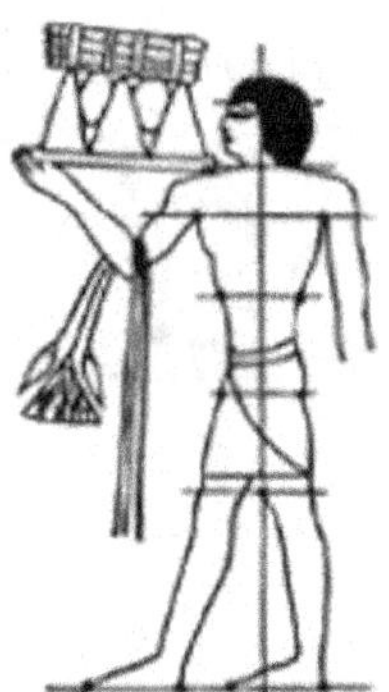

5. La figura che corre (lunga falcata), come presentata su questa originale griglia dell'Antico Egitto del cacciatore di uccelli, che ricorda Papageno de *Il flauto magico*, l'opera massonica di Mozart.

6. Il gesto di lavorare insieme.

7. Seduto con le spalle larghe, in modalità attiva.

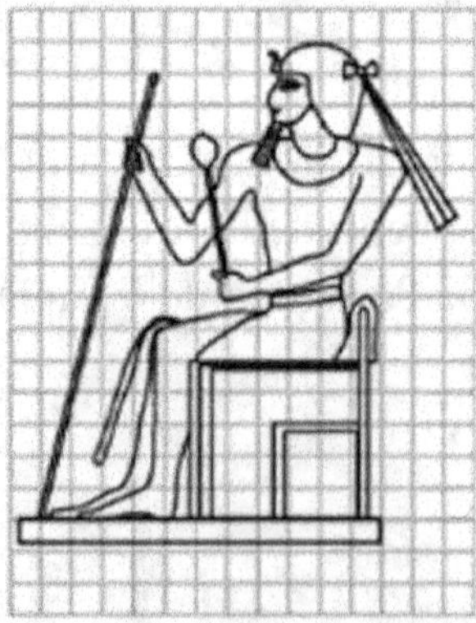

8. Inclinata.

9. Inginocchiata e inclinata.

10. La ragazza che balla, un movimento animato in quattro tappe.

9.4 SIGNIFICATO METAFISICO DI ALCUNE RAFFIGURAZIONI

Osservando le tombe e i templi, vale la pena di ripetere che, per gli antichi Egizi, ogni aspetto "fisico" della vita aveva un significato simbolico (metafisico). Inoltre, ogni espressione simbolica aveva uno sfondo "materiale". Come sopra così sotto, e viceversa.

Nella tomba del re non figurano mai le note scene egiziane di vita quotidiana, che sono invece raffigurate nelle tombe di nobili e alti funzionari.

Le scene di attività quotidiana, trovate all'interno delle tombe egizie, rivelano una correlazione forte e perpetua tra la terra e il cielo. Forniscono rappresentazioni grafiche di ogni tipo di situazione: la caccia, la pesca, l'agricoltura, i tribunali e ogni genere di arti e mestieri. Ritrarre queste attività quotidiane in presenza dei Neteru (dei, dee), o con la loro assistenza, ne indica la corrispondenza cosmica – una correlazione forte e perpetua tra la terra e il cielo.

Questa correlazione perpetua – consapevolezza cosmica – fu richiamata nel terzo libro dell'*Asclepius* (25) che rientra tra i *testi ermetici*:

> ***...In Egitto tutte le operazioni dei poteri che governano e operano nel cielo sono state trasferiti qui in basso sulla Terra... sarebbe più corretto dire che l'intero cosmo abita in [Egitto] come nel suo santuario...***

Ogni azione, anche la più banale, aveva in un certo senso un atto cosmico corrispondente: arare, seminare, mietere, produrre la birra, dimensionare un boccale di birra, costruire navi, fare la guerra, giocare. Tutte queste azioni erano viste come simboli terreni delle attività divine. In altre parole, per gli antichi Egizi (e i Baladi) ogni aspetto 'fisico' della vita aveva un significato simbolico (metafisico). Ma anche ogni espressione simbolica aveva una consistenza 'materiale'.

Di seguito sono riportati alcuni esempi di significati metafisici di attività fisiche terrene rappresentate nelle scene sulle pareti delle tombe dell'Antico Egitto:

1. La tipica scena della semina e della raccolta che si trova nelle tombe egizie corrisponde alla parabola **biblica "*Quello*

che l'uomo avrà seminato, quello pure mieterà". Si trattava di un messaggio spirituale, non di un consiglio agricolo.

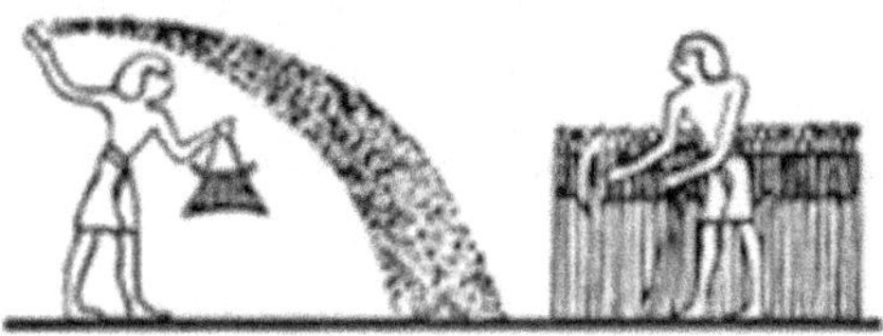

2. Causa ed effetto: Horus e Thot si ritrovano in numerose raffigurazioni nei templi dell'Antico Egitto, mentre uniscono simbolicamente le Due Terre. Horus rappresenta

la coscienza, la mente e l'intelletto, ed è identificato con il cuore. Thot rappresenta la manifestazione e la redenzione, ed è identificato con la lingua. Si pensa con il cuore e si agisce con la lingua.

3. La spiritualizzazione del vino: Il processo di coltivazione, raccolta, pressatura e fermentazione, è una metafora dei processi spirituali, paragonabile al simbolismo del vino biblico.

Le pareti delle tombe dell'antico Egitto mostrano viticoltori che spremono le nuove vinacce [come nella scena della tomba dell'Antico Egitto mostrata sopra], e la vinificazione è una metafora costante dei processi spirituali e dei temi della trasformazione e della forza interiore.

L'anima, o la parte di Dio dentro di noi, genera il fermento divino nel corpo fisico. Si sviluppa là, come sulla vite, grazie al sole del sé spirituale dell'uomo. La potenza fermentata del vino era, nel suo più profondo livello spirituale, un simbolo della presenza del dio incarnato nell'individuo spiritualmente consapevole.

4. Odore di santità: una donna/un uomo che annusa il loto è un tema ricorrente nelle tombe egiziane. Il profumo del loto è la sua essenza spiritualizzata, simile all'"odore di santità" nella tradizione cristiana.

La raffigurazione del loto è molto comune nella simbologia egizia.

5. Giocare: nelle tombe e nei templi dell'Antico Egitto sono

raffigurate persone di tutte le classi e i neteru (dei/dee) impegnati in tutti i tipi di giochi, tra cui giochi da tavolo, attività fisiche ed eventi sportivi.

Gli scrittori antichi e classici affermavano che i giochi dovevano il loro sviluppo, se non la loro stessa origine, alle osservanze religiose. Molti racconti di giochi sono citati da Omero come attività essenziali per accompagnare cerimonie devozionali.

Ramsete III mentre gioca a dama.
Rappresentazione nella sua tomba a Ta-Apet (Tebe).

Gioco della morra. Gioco del pari e dispari.

Nelle tombe di Ta-Apet (Tebe).

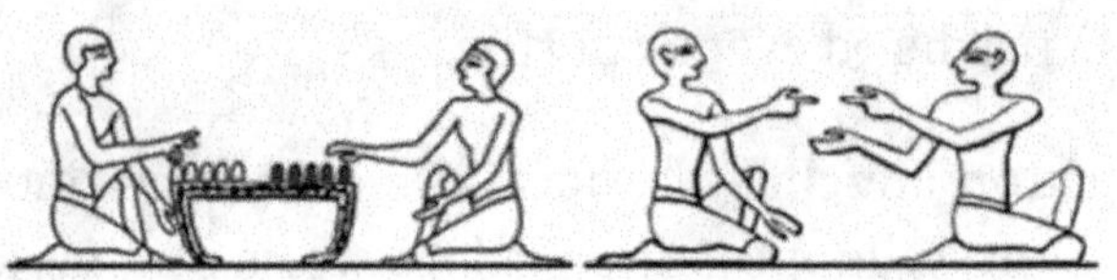

Gioco della dama.   Gioco della morra.

Nelle tombe a Beni Hasan.

Le numerose feste egiziane includono tutti i tipi di giochi e attività che sono parte essenziale delle festività, e fanno parte della festa, come le processioni religiose e le visite ai santuari sacri.

6. La scena della rete per la cattura degli uccelli e delle varie specie di volatili raffigurate sulle pareti hanno un significato metafisico preciso. In generale, questi uccelli rappresentano elementi spirituali "selvaggi" che devono essere catturati, rinchiusi in gabbia, a volte addomesticati, oppure offerti in sacrificio ai Neteru (dei/dee).

Simbolicamente parlando, una somiglianza moderna si trova nell'opera massonica di Mozart, *Il flauto magico*, dove

Papageno è lo spirito libero la cui specialità è intrappolare uccelli selvatici.

7. Nei templi e nelle tombe egiziane sono presenti numerose scene di pesca. Nei testi egizi, Horus assume la forma di pescatore e anche i suoi quattro seguaci ("figli") pescano con lui.

Scena di pesca in una tomba di Ta-Apet (Tebe). Sulla destra si vedono i pescatori che intrappolano i pesci. Sulla sinistra, una barca con il pesce appeso ad asciugare al sole e al vento.

Cristo usò un simbolismo simile, rendendo i suoi discepoli dei pescatori di uomini.

8. Il re che sottomette le forze: la scena sulle pareti esterne del tempio e su quelle del cortile esterno mostra la battaglia delle forze della luce (rappresentate dal re) che sottomettono le forze dell'oscurità (rappresentate dai nemici stranieri). La stessa scena si ripete nei templi di tutto il Paese, a dimostrazione del suo simbolismo e del fatto che non si tratta mai di una rappresentazione di veri eventi storici.

9. Simbolismo delle mani: la mano simboleggiava/simboleggia diversi concetti, tra cui l'azione, e quindi la creazione e il potere creativo latente.

Una mano destra in movimento simboleggia l'atto di offrire. Una mano sinistra in movimento indica l'atto di ricevere.

Quando il ruolo simbolico della persona è del tutto attivo, essa viene raffigurata con due mani destre. Quando il suo ruolo è del tutto passivo, come quando riceve il dono della vita dai neteru (dei,dee), ha due mani sinistre.

CAPITOLO 10 : LE ATTIVITÀ UMANE

10.1 ORGANIZZAZIONE DEL TEMPIO

Il tempio era una città sacra autosufficiente che coniugava le funzioni della cattedrale medievale con quelle di tutte le corporazioni.

Il sacerdozio del tempio includeva vari gradi, come i sommi sacerdoti o pontefici; i profeti; gli scribi sacri e reali; e altro personale ausiliario come i guardiani o i custodi delle vesti sacre; i portatori di santuari, stendardi e altri emblemi sacri; i progettisti; i muratori; e gli imbalsamatori. Altri funzionari erano incaricati delle processioni e di altre cerimonie religiose.

Gli elaborati servizi del tempio richiedevano una varietà di offerte. Queste forniture arrivavano dai laboratori e cucine limitrofi.

Le cucine e le panetterie iniziavano a lavorare all'alba per preparare le offerte giornaliere di pane, dolci, e carne e pollame per i sacrifici.

10.2 ATTIVAZIONE INIZIALE DELLE IMMAGINI

Nella loro opera, gli artisti egizi proponevano l'idea degli oggetti piuttosto che la loro esatta realizzazione in un contesto spaziale. Il loro concetto creativo dell'arte è simile alle azioni creative di Dio. Per effetto della Parola di Dio (affermazione), il mondo venne creato. Allo stesso modo, ogni opera d'arte creativa, perfino una statua, possiede iscrizioni che ne descrivono l'azione o ne definiscono lo scopo, così come i nomi degli attori.

Inoltre ogni statua, dipinto, rilievo o edificio, una volta completato, doveva essere sottoposto al *rituale di apertura della bocca,* per garantirne la trasformazione da prodotto inanimato della manifattura umana in parte vibrante dell'ordine divino, dotata di una carica di potere numinoso.

10.3 RITUALI PERIODICI DEI TEMPLI

Come interfaccia tra la sfera divina e quella umana, il faraone e i sacerdoti, che operavano come suoi agenti incaricati, eseguivano servizi rituali presso il tempio. In cambio, i neteru (dei, dee) donavano vita alla terra e mantenevano il posto ordinato dell'Egitto nel cosmo. In un certo senso, il tempio egizio era la fonte del potere su cui si fondava tutta la società egiziana.

Il tempio egizio aveva i suoi rituali distintivi. L'aspetto fondamentale dei rituali egizi era la presentazione di offerte materiali: pane, birra, rotoli di lino, carne, pollame e altri beni. Le offerte simboleggiano il successo dell'uomo nella trasformazione delle materie prime in prodotti finiti: pane, birra, biancheria ecc. La visione egiziana era che tutte le attività erano in risonanza con il processo cosmico di trasformazione delle materie prime in creazioni perfezionate.

Le offerte venivano fatte ai neteru (dei, dee) che originariamente trasformarono il caos delle acque primordiali nel mondo ordinato della creazione. Le cerimonie venivano eseguite durante il giorno. Vi erano due servizi principali, al mattino e alla sera. Le offerte venivano preparate all'alba nelle cucine e nelle panetterie.

I sacerdoti, nel frattempo, si purificavano nelle acque del lago sacro fuori dal tempio. I sacerdoti entravano nel tempio e compivano un'ulteriore purificazione nei corridoi esterni del tempio. Quindi conducevano una lunga processione costituita da portatori di offerte, di incenso, e da un coro che cantava inni di lode. La processione procedeva nel tempio, mentre un sacerdote apriva le porte successive, una alla volta, fino al santuario sigillato. Le offerte erano infine disposte sui tavoli e sugli altari, e gli offerenti si ritiravano.

Il sommo sacerdote entrava quindi nel santuario, che comprendeva la sua sacra arca e un piccolo santuario di granito o basalto. Il santuario conteneva l'immagine del neter. Il sacerdote sosteneva l'effigie del neter e poi pregava in direzione dei quattro punti cardinali. Poi veniva presentato il piatto delle offerte simboliche.

Poco dopo, venivano fatte altre offerte alle divinità sussidiarie del tempio.

L'effigie era quindi lavata e avvolta nuovamente in un lino nuovo. Veniva poi cosparsa di unguenti preziosi e rimessa nel santuario.

I rituali di lavaggio e vestizione dell'effige del neter erano basati e coordinati dai movimenti delle stelle in cielo. Poiché questi movimenti erano il risultato della legge cosmica divina, i rituali indicavano che l'Egitto era sempre in sintonia con i ritmi eternamente dispiegati dell'universo. Il sacerdote cospargeva il santuario di acqua santa e offriva al neter resine sacre e sale. Infine copriva di nuovo l'effigie, sigillava il santuario e usciva dal tempio.

A mezzogiorno era osservato un servizio relativamente breve. Il servizio serale era più lungo. Tuttavia, era la celebrazione del mattino che manifestava lo spirito vittorioso della luce sulle tenebre.

10.4 IL CORTILE DELLA MOLTITUDINE DEL TEMPIO

Il cortile esterno era spesso accessibile alla gente comune, almeno in parte, o in occasioni speciali, come si evince dal suo nome egiziano di "corte della moltitudine". Gli spazi designati per "pregare e invocare" si trovavano talvolta all'interno dei cortili del tempio e sul suo perimetro. Le persone potevano anche incontrare i sacerdoti per questioni personali o di gestione del tempio e per lasciare offerte nei cortili aperti di molti templi.

Questo tipo di cortile è solitamente aperto, con portico a colonne sul perimetro del cortile stesso. In queste corti, di solito sono presenti delle statue. Questa struttura ricorda la "Sala delle Statue" del Congresso americano. Il colonnato della Casa Bianca è un portico dove il presidente (funzionari) passa dagli alloggi pubblici a quelli privati. [Per maggiori informazioni sulle feste egiziane si veda *I mistici egizi: Cercatori della Via*, di Moustafa Gadalla.]

10.5 DISATTIVAZIONE DELL'ENERGIA (DETURPAZIONI)

Abbiamo visto come il tempio dell'Antico Egitto era progettato, in tutto e in parte, per essere un edificio organico vivente; per comunicare tra la Terra e le forze celesti che potevano produrre energia a beneficio delle persone e del mondo. Le energie divine fluivano ininterrottamente, attraverso specifici rituali, in tutto il tempio.

Nei *Testi ermetici* si legge:

> *...In Egitto tutte le operazioni dei poteri che governano e operano nel cielo sono state trasferite qui in basso sulla Terra... sarebbe più corretto dire che l'intero cosmo abita in [Egitto] come nel suo santuario...*

Gli Egizi erano maestri nel prevedere eventi futuri, inclusa la fine dell'epoca faraonica. I *Testi ermetici* inoltre ci dicevano:

Verrà un tempo in cui... gli dei abbandonando la Terra, ritorneranno in Cielo: essi abbandoneranno l'Egitto; questa terra che fu sede delle sante liturgie non godrà più della loro presenza.

In previsione della fine di un'epoca, i sacerdoti egizi ricorsero alla cesellatura selettiva dei monumenti. L'intento era di disattivare il flusso di energia nei templi in modo che le forze oscure successive non fossero in grado di abusare delle energie cosmiche.

Le deturpazioni erano selettive: alcune aree danneggiate erano molto difficili da raggiungere, e avrebbe richiesto una preparazione approfondita per consentire all'autore di cesellare con cura e in modo selettivo alcune parti.

Qui, nel tempio di Edfu, la cesellatura era così selettiva e si trovava così in alto da richiedere uno sforzo particolare per molte ore.

Più a sud, ad Assuan, troviamo una situazione simile nel tempio di File. Notevoli sono le figure perfettamente e ordinatamente cesellate sul pilone esterno del tempio.

Per disattivare i loro templi, gli antichi Egizi seppellirono migliaia di statue, strumenti rituali e navi in tutto il Paese. I nasi di alcune statue furono intenzionalmente spezzati, e non sono l'effetto fortuito di manipolazioni brutali o danni dovuti al tempo. La statua era pensata come rappresentazione "vivente". E come l'uomo, riceveva *un alito di vita attraverso le narici* (un'espressione molto comune nella lingua egiziana). Spezzando il naso, la statua veniva privata della sua "vita".

I *Testi ermetici* che predissero la fine dell'epoca dei faraoni ne predissero anche la rinascita. Poiché i Testi affermano:

> *Ma dopo che tutto ciò sarà accaduto, il Maestro e Padre, Dio, creatore di quel Dio che per primo è entrato in essere, giungerà sull'evento e sarà contrariato dal vedere come sia stata disattesa la sua volontà, che è il bene. Egli richiamerà sulla retta via coloro che si sono smarriti; purificherà il mondo dal male...*

> *Tale è la nuova nascita del Cosmo; rinnovamento delle cose buone, santa restaurazione di tutta la natura che si ripete nel corso del tempo per l'eterna volontà di Dio.*

Gli Antichi Spiriti ritorneranno a casa.

1

GLOSSARIO

Abaco – Un blocco di pietra che costituisce la parte superiore o la divisione del capitello di una colonna.

Amuleto – Pendente o ornamento che possiede poteri speciali o una rappresentazione simbolica.

Animismo – Concezione secondo cui tutte le cose dell'universo sono animate (alimentate) da forze vitali. Questo concorda scientificamente con la teoria cinetica, per cui ogni minuscola particella di qualsiasi materia è in continuo movimento, cioè alimentata da forze vitali.

Attributi – Le qualità e i significati divini che sono i veri fattori causali delle creazioni manifestate.

Baladi – Termine locale usato per descrivere l'attuale maggioranza silenziosa nativa dell'Egitto, che segue le tradizioni dell'Antico Egitto, sotto una sottile patina di Islam.

Corolla – I petali interni di un fiore.

Cosmologia – Lo studio dell'origine, creazione, struttura e funzionamento ordinato dell'universo, nel suo complesso e delle sue parti correlate.

Costante di circonferenza – Indica il rapporto della circonferenza di un cerchio con il suo diametro, ed equivale a 22/7, oppure 3,1415927.

Cubito – L'unità di misura lineare nell'Antico Egitto, simboleggiata dalla distanza tra il gomito e la punta del dito medio della mano estesa. Un cubito = 0,5236 m.

Duat/Tuat – Il regno dei morti, nel quale l'anima si trasforma per giungere alla resurrezione.

e.v. – Era volgare, nota anche come d.C.

Geometria sacra – Il processo per cui tutte le figure sono disegnate o create usando solo una linea retta (nemmeno un righello) e un compasso, cioè senza prendere misure (in base solo alle proporzioni).

Heb-Sed – Festa che veniva celebrata nell'Antico Egitto associata al rinnovamento dei poteri spirituali e fisici del faraone.

Libro dei Morti – Si veda il *Libro del ritorno nel giorno*.

Libro del ritorno nel giorno (Per-em-hru) – Si compone di oltre cento capitoli di diversa lunghezza, strettamente correlati ai cosiddetti *Testi trasformazionali/funerari* (detti anche delle Piramidi) di Saqqara. Questo libro si trova, nella sua forma completa, solo su rotoli di papiro avvolti tra le bende della mummia del defunto e sepolti con lui.

Mastaba – Significa sedile, ed è una struttura in mattoni di fango fuori terra. Sotto la mastaba si trovano le camere funerarie dei defunti. Le tombe consistevano in camere sepolcrali sotterranee con grandi e basse sovrastrutture rettangolari, in mattoni di argilla.

Le sovrastrutture erano rettangolari, basse rispetto alla loro lunghezza, e con tetti convessi. Le loro dimensioni variavano da 20 mq a oltre un quarto di acro.

Misticismo – Consiste in idee e pratiche che portano all'unione con il Divino. L'unione è descritta più precisamente come solidarietà, unione, arrivo, congiunzione e realizzazione dell'unicità di Dio.

Neter/Netert – Principio/funzione/attributo divino dell'unico grande Dio. (Erroneamente tradotti come dio/dea.)

Ostracon – Termine usato dagli archeologi per indicare frammenti di ceramica o scaglie di calcare contenenti testi e disegni.

p.e.v. – Prima dell'era volgare, nota anche come a.C.

Papiro – Può significare: 1) Una pianta da cui si ricava una superficie per scrivere. 2) Carta, come mezzo di scrittura. 3) Un testo scritto su carta, come il *Papyrus Leyden*.

Pendenza (definizione comune) – La quantità o il grado di deviazione dall'orizzontale o dalla verticale su una superficie inclinata. Il rapporto tra la differenza verticale divisa per la differenza orizzontale.

Pendenza (nell'Antico Egitto) – Per gli antichi Egizi, la pendenza era la lunghezza richiesta per metà della base quando l'altezza era pari a 1 (un cubito).

phi – Si veda Proporzione di Neb (aurea).

pi – Si veda costante di circonferenza.

Pilone – Una struttura torreggiante che fiancheggia la porta di un tempio.

Poliedro – Si veda solido perfetto.

Rapporto Neb (aureo) – È la "chiave della struttura del cosmo". Se è necessario approssimarlo, il suo valore è 1,6180339——.

Segmento – Una forma geometrica collegata da una corda e un arco di un cerchio.

Solido perfetto – Una figura solida composta da facce piane, ognuna delle quali è identica ed ha una forma piana equilatera, ad esempio il triangolo, il quadrato o il pentagono.

Stele (plurale: stele) – Tavola o colonna, in pietra o legno, con incisioni commemorative.

Testi delle Piramidi – Una raccolta di iscrizioni trasformazionali (funerarie) ritrovata all'interno delle tombe risalenti alla V e VI dinastia (2465-2150 p.e.v.).

Vertice – Il punto opposto e più lontano dalla base in una figura; un punto che conclude una linea o curva o che costituisce l'intersezione di due o più linee.

2

BIOGRAFIA SELEZIONATA

Aldred, Cyril, *Egyptian Art*, Londra, 1990.

Assmann, J., *Agyptische Hymnen Und Gebete* (*Leiden Papyrus 312-321*), Zurigo/Monaco, 1975.

Badawy, Alexander, *Ancient Egyptian Architectural Design*, Los Angeles, CA, USA, 1965.

Bleeker, C.J., *Egyptian Festivals: Enactments of Religious Renewal*, Leiden, 1967.

Breasted, James Henry, *Ancient Records of Egypt*, 3 vol., Chicago, USA, 1927.

Budge, Sir E.A. Wallis,
– *Amulets and Superstitions*. New York, 1978.
– *Cleopatra's Needles and Other Egyptian Obelisks*. Londra, 1926.
– *The Decrees of Memphis and Canopis*, 3 vol., Londra, 1904.
– *Egyptian Language, Easy Lessons in Egyptian Hieroglyphics*, New York, 1983.
– *Egyptian Magic*, New York, 1971.
– *Egyptian Religion: Egyptian Ideas of the Future Life*, Londra, 1975.
– *From Fetish to God in Ancient Egypt*, Londra, 1934.

– *The Gods of the Egyptians*, 2 vol., New York, 1969.
– *Osiris & The Egyptian Resurrection*, 2 vol., New York, 1973.

Chace, Arnold Buffum, *The Rhind Mathematical Papyrus, Ohio, USA, 1929.*

Choisy, Auguste. *Historie de L'Architecture, I*, Parigi, Francia, 1899.

De Cenival, Jean-Louis, *Living Architecture*, trad. di K.M. Leake, New York, 1964.

Diodoro Siculo, *Libri I, II & IV*, trad. di C.H. Oldfather, Londra, 1964.

Egyptian Book of the Dead (*The Book of Going Forth by Day*), The Papyrus of Ani, USA, 1991.

Erman, Adolf, *Life in Ancient Egypt*, New York, 1971.

Field, J.V., *Kepler's Geometrical Cosmology*, Londra, 1988.

Gadalla, Moustafa,
– *Ancient Egyptian Culture Revealed*, USA, 2007.
– *Egyptian Cosmology: The Animated Universe – 2nd edition*, USA, 2001.
– *Egyptian Divinities: The All Who Are THE ONE*, USA, 2001.
– *Egyptian Harmony: The Visual Music*, USA, 2000.
– *Egyptian Mystics: Seekers of the Way*, USA, 2003.
– *Historical Deception: The Untold Story of Ancient Egypt*, USA, 1999.
– *Egypt: A Practical Guide*, USA, 1998.
– *Pyramid Handbook*, USA, 2000.

Hambidge, Jay,
– *Dynamic Symmetry*, NYC, USA, 1920.
– *Dynamic Symmetry in Composition*, Mass., USA, 1923.

Erodoto, *The Histories*, tr. di A. de Selincourt, Londra, 1954.

James, T.G.H, *An Introduction to Ancient Egypt*, Londra, 1979.

Kastor, Joseph, *Wings of the Falcon, Life and Thought of Ancient Egypt*, USA, 1968.

Kepler, Johannes, *The Secret of the Universe*, tr. di A.M. Duncan. New York, 1981.

Maspero, Gaston, *Manual of Egyptian Archaeology*, Londra, 1902

Moessel, E., *Die Proportion in Antike und Mittelalter*, Monaco, Germania, 1926.

Peet, T. Eric, *The Rhind Mathematical Papyrus*, Londra, 1923.

Pennick, Nigel, *Sacred Geometry*, New York, 1982.

Piankoff, Alexandre, *The Litany of Re*, NY, NY, 1964.

Platone, *The Collected Dialogues of Plato including the Letters*, revisione di E. Hamilton e H. Cairns, New York, NY, USA, 1961.

Plutarco, *Plutarch's Moralia, Volume V*, trad. di Frank Cole Babbitt, Londra, 1927.

Pritchard, James B., Ed. *Ancient Near Eastern Texts*, Princeton, NJ, USA, 1955.

Wilkinson, J. Gardner, *The Ancient Egyptians: Their Life and Customs*, Londra, 1988.

Wilkinson, Richard H.,
– *Temples of Ancient Egypt*, New York, 2000.
– *Reading Egyptian Art*, NY, NY, 1994.
– *Symbol & Magic in Egyptian Art*, New York, 1999.

Numerose fonti su Internet.

Numerosi riferimenti in lingua araba.

3

FONTI E NOTE

Come laureato in ingegnere civile con oltre 40 anni di esperienza, l'autore ha tutte le competenze per esprimersi su temi quali matematica, geometria, materiali e tecniche di costruzione. Gli egittologi universitari sono fondamentalmente archeologi le cui opinioni sulle questioni tecniche vanno oltre le loro qualifiche.

Quasi tutte le mie fonti sono scritte da autori molto parziali, i quali (consapevolmente o inconsapevolmente) seguono paradigmi filo-occidentali e/o giudeo-cristiani. La stragrande maggioranza di questi riferimenti è condiscendente o sdegnosa verso gli Antichi egizi e le loro tradizioni.

I riferimenti alle fonti contenute nella precedente sezione, Bibliografia Selezionata, sono riportati solo per citare fatti, eventi e date, non per le interpretazioni che ne danno.

L'assenza di molti riferimenti nella Bibliografia selezionata non significa che l'autore non abbia confidenza con i rispettivi testi, bensì che, nonostante la loro popolarità, non contengono informazioni fattuali di valore.

Quando si trova un riferimento a un libro di Moustafa Gadalla, si tenga presente che ogni testo dell'autore contiene una propria estesa bibliografia in appendice, corredata di note e fonti dettagliate.

Capitolo 1: **Il canone architettonico** – Badawy, Choisy, De Cenival, Moessel, Pennick, Gadalla [Harmony, Cosmologia, Divinities]

Capitolo 2: **I templi egizi delle forze divine**

   – **La funzione/obiettivo del tempio** – DeCenival, Gadalla [Harmony, Cultura, Cosmologia], Badawy, Choisy, Moessel, Pennick.

   – **Componenti del complesso del tempio** – Gadalla [Cultura, Harmony], Wilkinson RH [Temples]

   – **Progettazione metafisica del condotto a imbuto** – Gadalla [Cultura, Harmony], Wilkinson RH [Temples]

   – **Il significato generativo dei modelli di giuntura** – DeCenival, Gadalla [Harmony, Cultura, Cosmologia], Badawy, Choisy, Moessel, Pennick, Gadalla [visite regolari e come ingegnere civile/strutturale]

   – **Protezione fisica/metafisica dei muri esterni** – Gadalla [Cultura, Harmony], Wilkinson RH [Temples]

   – **Fondamenta organiche del tempio** – Gadalla [Cultura, Harmony], Wilkinson RH [Temples]

Capitolo 3: **Le forme di componenti architettonici delle funzioni metafisiche**

   – **False porte** – Aldred, James, Maspero, Wilkinson RH [Temples, Art], Wilkinson JG, Erman

– **Pareti incassate** – Gadalla [Piramidi, Historical], Wilkinson RH [Temples], James, Wilkinson JG, Erman

– **Colonne e pilastri** – Gadalla [Piramidi, Historical], Wilkinson RH [Temples], Wilkinson JG, James, Wilkinson JG, Erman

– **Capitelli delle colonne** – Gadalla [Harmony, Historical], Wilkinson RH [Temples], James, Wilkinson JG, Erman

– **Portici e peristili** – Gadalla [Harmony, Historical], Wilkinson [Temples], James, Wilkinson JG, Erman

– **Colonnati organici** – Gadalla [Harmony, Historical], Wilkinson [Temples], James, Wilkinson JG

– **Obelischi** – Gadalla [Historical], Wilkinson [Temples], James, Wilkinson JG, Erman

– **Forme delle statue** – Gadalla [Cosmologia, Historical], Wilkinson [Temples], James, Wilkinson JG, Erman, Budge [Osiris]

– **Forme di tetto** (piano, a due falde su timpano, a falsa volta, ad arco e a volta) – Badawy, DeCenival, Erman, James, J.G. Wilkinson, Gadalla [Harmony, Cultura, Historical]

– **Dettagli stilistici architettonici** – Gadalla [Historical], Wilkinson [Temples], James, Wilkinson JG, Erman

– **Ornamento e decorazione stilistica** – Gadalla [Historical], Wilkinson [Temples], James, Wilkinson JG, Erman

Capitolo 4: Le principali forme/strutture geometriche

– **Geometria sacra dell'architettura divina** – Erodoto, Platone, Badawy, Gadalla [Harmony, Cultura], Pennick

– La sacra corda egiziana [Strumento] – Badawy, Pennick, Gadalla [Harmony]

– Struttura generale delle forme geometriche – Badawy, Pennick, Gadalla [Harmony]

– Il cerchio sacro di Ra – Archetipo della creazione

   – Il cerchio (come archetipo nelle opere dell'Antico Egitto) – Moessel [pag. 4-5, 14-16, 19, 21-33], Gadalla [Harmony]

   – Definizione di curva (del tetto tramite un sistema di coordinate) – DeCenival [pag. 146], Gadalla [Harmony]

   – Ra – Piankoff, Gadalla [Harmony]

– La quadratura del cerchio – La manifestazione della creazione

   – Thot – Gadalla [Cosmologia egizia], Kastor

   – Quadratura del cerchio – Peel, Chace, Gadalla [Harmony], Erman, James, J.G. Wilkinson

– Triangoli – Badawy, Gadalla [Harmony, Cosmologia], Plutarco, Pennick, Choisy [pag. 52-55], Erman, James, J.G. Wilkinson

– Le piramidi 3-D che associano triangoli e rettangoli – Gadalla [Piramidi, Harmony]

<u>Capitolo 5</u>: I rettangoli generatori di radice quadrata

– Il rettangolo di radice – dal cerchio al quadrato ai rettangoli – Gadalla [Harmony], Hambidge [entrambi i riferimenti], Gadalla [Harmony]

– **I solidi cosmici** – Gadalla [Harmony]

– **Il rettangolo generatore 1: 2 – Il doppio quadrato** – Badawy, Gadalla [Piramidi, Harmony], Hambidge [entrambi i riferimenti]

– **La creazione di rettangoli di radice a partire da un doppio quadrato** – Gadalla [Harmony]

– **Il rettangolo radice di cinque e la proporzione aurea** – Badawy, Hambidge [entrambi i riferimenti], Gadalla [Harmony]

– **Proporzionare una linea secondo la proporzione aurea** – Gadalla [Harmony]

– **Neb: la sezione/segmento aurea** – Gadalla [Harmony], Gadalla [come misurato nei geroglifici eseguiti alla perfezione nel museo a cielo aperto del Tempio di Karnak]

– **Spirali [quadrati che ruotano]** – Badawy, Hambidge [entrambi i riferimenti], Gadalla [Harmony], Gadalla come ingegnere

– **Applicazioni di un progetto dinamico** – Badawy, DeCenival, Hambidge [1920 ed.], Gadalla [Harmony]

–i, ii, iii – **Le pareti dinamiche (bassorilievi)** – Rettangoli di radici quadrate – Badawy, DeCenival, Hambidge [1920 ed.], Gadalla [Harmony]

–iv – **Rettangoli generativi nel pilone di Karnak** – Gadalla [Harmony], R. Wilkinson, Gadalla [come ingegnere]

– v – **Tipico ingresso di un tempio egizio [Doppi quadrati – Rapporti sacri]** – Badawy/Hölscher, Moessel [pag. 25-26], [verificato da Gadalla sul posto], Erman, James, J.G. Wilkinson, Gadalla [Harmony]

–vi – Esempi di rettangoli di radice nel triplice santuario a Luxor – Gadalla [Harmony]

<u>Capitolo 6</u>: **La progressione aritmetica generativa**

– La mistica dei numeri – Assmann, Plutarco, Gadalla [Harmony, Cosmologia]

– I numeri generativi – Diodoro, Plutarco, Badawy, Pennick, Gadalla [Harmony, Cultura, Cosmologia]

– Progressione di crescita e proporzione – Diodoro, Plutarco, Badawy, Pennick, Gadalla [Harmony, Cultura, Cosmologia]

– La successione ricorrente e la proporzione aurea: Badawy, Pennick, Gadalla [Harmony], Platone

– La proporzione cosmica della figura umana – Badawy, Gadalla [Harmony]

<u>Capitolo 7</u>: **Il progetto armonico combinato – aritmetico e grafico degli edifici egiziani** – Choisy [pag. 50-57], Badawy, Moessel [pag. 4-5, 21-33], Gadalla [Harmony]

<u>Capitolo 8</u>: **Analisi armonica delle opere dell'Antico Egitto**

– Analisi di mastabe predinastiche – Moessel [pag. 21-22, 32], Gadalla [Harmony]

– Tomba a mastaba n. 6 (Giza) – Reisner/Badawy

– Altre tombe dell'Antico Regno – Moessel [pag. 22-23]

– La camera di granito di Cheope – Badawy, Gadalla [Piramidi]

– **Tempio della piramide di Chefren** – Badawy, Gadalla [Piramidi, Cultura]

– **Piramide di Menkaura** – Gadalla [Piramidi], Badawy

– **Periptero di Sen-usert I a Karnak** – Badawy/Lacan e Chevrier, 1946 [verificato da Gadalla sul posto]

– **Tomba di Wahka** – Bawada/Steckeweh, 1936

– **Tempio di Karnak** – Badawy/Chevrier, 1936, Gadalla [Harmony, Guide]

– **Tempio di Osiride ad Abido** – Badawy/Calverley, 1933 [verificato da Gadalla sul posto]

– **Tomba di Ramsete IV** – Pennick

– **Templi di Nectanebo II** – Badawy/Ricke, 1960

– **Miscellanea** – Moessel [pag. 30-31]

– **Applicazioni del canone a ogni cosa** – Moessel [pagg. 30-31]

– **Capitelli di colonne** – Badawy/Borchardt [1897/Hölscher, Morgan]

– **Stele** – Badawy / Lange & Schäfer [1902, Hölscher]

– **Piloni e portali** – Badawy/Hölscher, Moessel [pag. 25-26], [verificato da Gadalla sul posto]

Capitolo 9: Le immagini metafisiche animate sulle pareti – Gadalla [Cosmologia, Cultura, Harmony, Historical], Wilkinson [Temples], James, Wilkinson JG, Erman, Budge [Osiris], Piankoff, Badaway

Capitolo 10: Le attività umane – Gadalla [Cosmologia, Mistici],

Wilkinson [Temples], James, Wilkinson JG, Erman, Budge [Osiris], Bleeeker, Piankoff